Lese*freunde* 3

Lesen ▪ Schreiben ▪ Spielen

Herausgegeben von
Irene Hoppe

Erarbeitet von
Kerstin Granz
Marion Gutzmann
Irene Hoppe
in Zusammenarbeit
mit Monika Gade

Illustrationen von
Katharina Knebel
Uta Bettzieche

Lesefreunde 3

Lesen ■ Schreiben ■ Spielen

Ein Lesebuch
für die Grundschule

VOLK UND WISSEN

Wir danken Elfi Gärtner, Yvonne Graf,
Kerstin Granz, Marion Gutzmann, Inge Lange,
Karin Schuba, Anita Thüme, Ruth Schreiber
für die Beratung und Begutachtung.

Redaktion: Monika Gade

Umschlaggestaltung: Katharina Knebel, Gerhard Medoch,
Uta Bettzieche

Layout und Collagen: Marina Goldberg

Illustration: Katharina Knebel, Uta Bettzieche

www.vwv.de

1. Auflage, 7. Druck 2008 / 06

Alle Drucke dieser Auflage sind inhaltlich unverändert
und können im Unterricht nebeneinander verwendet werden.

Druck: Stürtz GmbH, Würzburg

ISBN 978-3-06-103317-0

Texte auf der Hör-CD

ISBN 978-3-06-080823-6 (Ausgabe mit Hör-CD)

Inhalt gedruckt auf säurefreiem Papier aus nachhaltiger Forstwirtschaft.

Inhalt

Wusstest du schon?

Mit Tieren leben

Bücher, Bücher, …

Im Sommer

In der Schule

Endlich!
Dritte Klasse!
Ein neues Lesebuch ...
Alle sitzen und schmökern.
Lesefreunde.

Ferienfundstücke

Die Klasse 3a setzt sich in den Gesprächskreis.
Viele haben ein Fundstück aus den Ferien mitgebracht.
Die Kinder legen es in die Mitte und erzählen einander, welche Erinnerung sie damit verbinden.
Doch die Zeit vergeht viel zu schnell.
Nicht alle Kinder kommen an die Reihe, deshalb nutzen einige ihre freie Schreibzeit, um ihre Erinnerungen zu notieren.
Die fertigen Texte hängen die Kinder in der Klasse aus.
So kann sie jeder nachlesen.

Ich war an der Ostsee, wo ganz viele Quallen sind.
Als ich am Strand entlanggelaufen bin,
lagen auf einmal ganz viele Muscheln herum.

Martin

Meine Ferienfundstücke – das sind 9 Schneckenhäuser.
Ich habe sie im Garten gefunden, als ich Fußball spielte.
Am besten gefällt mir die braune Schnecke mit den weißen Punkten. In unserem Garten gibt es sehr viele Schnecken.
Sie fressen die Pflanzen und klettern an Mauern hoch.

Alexander

Mein Ferienfundstück ist ein Stück Rinde. An einer Einfahrt, die zum Wald führte, haben wir auf unserer Urlaubswanderung Rast gemacht. Der Weg führte zum Lift. Ich bin dort ein Stück entlanggegangen. Links und rechts standen Brombeeren und Erdbeeren. Ein paar Meter weiter lag vor meinen Füßen auf einmal ein ganz dickes Stück Rinde. Und ich nahm das Stück Rinde hoch, und es flüsterte mir ins Ohr: „Nimm mich mit.“ Da nahm ich es mit, und jede Nacht erzählte es mir Geschichten.

Jerome

Ich war in den Ferien nicht nur an der Ostsee, sondern auch im Wald. Der Wald war ganz still, fast wie auf einem Friedhof. Wir gingen hin und her. Dann entdeckte ich ein Vogelnest auf der Erde und rannte aufgeregt hin. Aber es war kein Vogel mehr darin. Ich kann mir gar nicht vorstellen, dass so ein kleiner Vogel so ein schönes Nest bauen kann. Da hob ich es auf und habe es mit zur Schule genommen.

Sandra

✤ Erzählt und schreibt von euren Ferienfundstücken.

Verquatschter Morgen

Am Morgen trinke ich Oakak,
ich esse dazu eine Scheibe Torb,
beschmiere sie mit Rettub und Ginoh,
kaue mit den Nenhäz, ergreife meine Eppam
mit den Nrehcüb, sause in die Eluhcs,
setze mich in die Knab, tobe mit meinem Dnuerf herum,
sage später: „Netug Negrom, Rreh Rerhel!“
Und wenn er mich fragt: „Was soll der Unsinn?“,
antworte ich aus Versehen:
„Oh, Verzeihung, es ist mir nur so thcsturegsuareh!“

Max Kruse

Vorwärts-Rückwärts-Wörter

BART EBBE REITTIER
MARKTKRAM GRAS
LAGER OTTO
BUB KAJAK
NEBEL
EHE TON
RENTNER EBER

✣ 1. Finde heraus, was mit dem oberen Text passiert ist. Lies ihn nun richtig vor.

2. Suche Wörter, die vorwärts und rückwärts gelesen, gleich sind.
Kennst du noch mehr?

Rate mit

Wie heißt dieses große Gebäude nur?
Es hat einen Turm mit einer Uhr.
Wenn wir ein **s** in das Wort einschieben,
wird 's der Name einer Frucht, die wir alle lieben.
Wo das **K** stand, soll ein **H** nun sein:
So heißen Tiere mit großen Geweih'n.

Theodor Eberle

Mit **R** ist 's Ochse oder Kuh,
mit **W**, da bläst es immerzu,
mit **K** ist es ein Mensch wie du.

Mit **H** hat sie zwei Beine,
doch geht sie nie alleine.
Mit **R** kann sie dich stechen,
versuchst du sie zu brechen.
Doch setzt du an den Anfang **D**,
enthält sie Milch für den Kaffee.

Paul Maar

Mit **T** im Walde,
mit **W** im Bade,
mit **K** auf dem Tisch.

Ist er gekommen, merkst du, dass Frühling ist.
Tausch einen Buchstaben seines Namens aus:
So heißt ein Fisch, der kleinere frisst.

Theodor Eberle

✤ Überlege dir selbst solche Buchstabenrätsel und stelle sie deinen Mitschülern.

Wo manche Worte wohnen

Das Wort aus
wohnt in einem richtigen Haus,
doch zugleich in der Jause,
in der Maus und in der Laus.

Das Wort und
wohnt im Hund,
im Grund und im Schlüsselbund,
in der Stunde, in der Runde
und im Namen Rosamunde.

Das Wort ein
wohnt im Schwein
und im Mondenschein,
in Steinen, in Beinen
und Hundeleinen.

Das Wort um
wohnt in der Blume
und in der Krume,
und meine Freundin Anne
wohnt in der Wasserkanne,
in Tannen, Pfannen
und Badewannen.

Und wo wohnt das Wort ach?
Im Bach,
im Krach,
im Lachen
und in vielen anderen Sachen.

Vera Ferra-Mikura

✤ Suche selbst nach Wörtern, die in anderen Wörtern wohnen.

Das Wort
alle wohnt in der Halle
und …

Das Wort
ich wohnt in …

Das Wort
im …

Zungenbrecher – selbst ausgedacht

Dreiunddreißig Drittklässler aus Dresden drehten
dreizehn drollige Dromedare aus Draht.

In der Baumschule büffelten bei Bullenhitze
Billionen braver Bäumchen.

Hundert hungrige Hunde hetzen hechelnd
von der Hundeschule nach Hause.

Schöne, schnelle Schönauer Schüler schlittern schnell –
schnell schlittern schöne Schönauer Schüler.

Fantastisch fanden fünf freundliche Ferienkinder
Ferien frei vom Fernsehen.
Frei vom Fernsehen fanden fünf freundliche Ferienkinder
Ferien fantastisch.

Wer nichts weiß und weiß, dass er nichts weiß,
weiß mehr als der, der nichts weiß und nicht weiß,
dass er nichts weiß.

Zwischen zwölf und zwei …

✜ 1. Damit du längere Wörter leichter lesen kannst, gliedere sie in Silbenbögen. Übe erst halblaut oder flüsternd für dich.

2. Lies die Zungenbrecher dann, so schnell du kannst. Wenn du dich verliest, musst du ein Pfand geben. Danach könnt ihr die Pfänder einlösen.

3. Schreibe eigene Zungenbrecher auf.

ordnung – unordnung

ordnung ordnung
ordnung ordnung
ordnung ordnung
ordnung ordnung
ordnung ordnung
ordnung unordn g
ordnung ordnung
ordnung ordnung
ordnung ordnung
ordnung ordnung
ordnung ordnung

Timm Ulrichs

Mein schönster Schultag

Es war so ein Tag, an dem alles schief geht.
Das Meerschweinchen jagte die Katze,
zum Frühstück gab es Abendessen,
und der Postbote biss unseren Dackel.

Als ich in die Schule kam, ging es genauso verrückt weiter.
Aus dem Lautsprecher dröhnte eine Stimme. Sie verkündete:
„Herr Klugmann, euer Lehrer, hat Masern bekommen."
Dann kam es: „Vertretung: Max Meier aus der dritten Klasse."

Zuerst war ich ganz verblüfft. Dann rannte ich in mein Klassenzimmer.
Dort gab es die nächste Überraschung. Brav und ordentlich saßen da
in den Bänken: Herr Hobel, der Werklehrer, Frau Flöte, die Musiklehrerin,
Frau Spring, die Sportlehrerin, Herr Minus, der Mathelehrer, und
Frau König, die Schulleiterin. Ja, wirklich!
Alle Lehrer der Hinterwäldchen-Schule waren da!
Und alle waren Schüler der dritten Klasse! Und ich war ihr Lehrer!
Also kletterte ich erst mal auf das Pult. Jetzt war ich größer als alle
meine Schüler. Das gefiel mir!

Ich klopfte mit dem Lineal auf das Pult.
„Frau Flöte, kaust du Kaugummi?“, fragte ich.
„Nein“, antwortete sie.
Ich sah mich in der Klasse um. Niemand kaute Kaugummi. Das musste ich gleich ändern.
Also teilte ich Kaugummi aus. Ich zeigte meinen Schülern, wie man schöne, große Blasen macht.
„Jetzt wollen wir mal nach den Hausaufgaben sehen“, sagte ich dann.
„Wer hat seine Hausaufgaben gemacht?“
Herr Hobel hob die Hand.
„Da wirst du wohl nachsitzen müssen, Herr Hobel“, sagte ich.
„Was soll denn mal aus dir werden, wenn du in der Schule immerzu aufpasst und jeden Tag deine Hausaufgaben machst?“
Herr Hobel ließ den Kopf hängen.

Jetzt wandte ich mich dem Rest der Klasse zu. „In den ersten beiden Stunden haben wir Zeichnen und Musik. Mathe und Deutsch verschieben wir auf später, wenn ihr müde seid.“
In der Zeichenstunde sangen wir „Alle meine Entchen“. Leider musste ich Frau Flöte vor die Tür schicken. Sie wollte unbedingt nach Noten singen.
In der Musikstunde ließ ich meine Schüler ein Bild von ihrem Lieblingsessen malen.
Frau König, die Schulleiterin, belohnte ich mit einem Beutel Murmeln.
Ihr Bild gefiel mir. Sie hatte etwas ganz anderes gemalt, als ich verlangt hatte: Ein Bild von ihrem Pferd Wirbel. Dann klingelte es zur großen Pause.
Alle Schüler standen auf und gingen langsam zur Tür.
„Was ist denn mit euch los?“, rief ich laut. „Warum so leise?
Los, rennt hinunter in den Schulhof!“ Gleich hörte man auf dem Gang lautes Gepolter.
„Schon besser“, sagte ich zufrieden.

Ida Lutrell

✤ 1. Lies die Stellen vor, die dir am besten gefallen.

2. Erzähle oder schreibe auf, wie du dir deinen schönsten Schultag vorstellst.

Kleiner Unsinn

Wernichtrichtiglesenkann
fangnochmalvonvornean
dennichschreibehierdieworte
andersalsmaneuchgelehrt
zwarnichtunbedingtverkehrt
sonderneinfachaneinander
dassmansienichtgleicherkennt
auchwennihrdasunsinnnennt
docheinkleinerunsinnmacht
dassmangerndarüberlacht.

Gottfried Herold

LESEVERGNÜGEN

Lesen macht Spaß.
Es hilft
Sogar, wenn man
Einsam ist oder
Vielleicht
Einen
Richtigen
Großen Kummer hat.
Nur ohne etwas
Übung
Gelingt
Es
Nicht sofort.

Gottfried Herold

✣ Gestalte dein eigenes Lesezeichen für dein Lieblingsbuch zu Hause.

Noten, Noten, Noten …

Hab ich eine Fünf gebaut,
schimpfen meine lieben Eltern
ziemlich lang und reichlich laut.

Schreib ich aber eine Zwei,
fragen die aus meiner Klasse,
ob ich wohl ein Streber sei.

Am besten, alle Noten
würden streng verboten!

Paul Maar

Notenbeschwörung

Nach Abgabe der Klassenarbeit zu murmeln

Hirsche und Schweine
haben vier Beine.
Mein Goldfisch hat kein's,
ich will eine EINS!

Für etwas bescheidenere Schüler

Krötenbeine,
Hungersteine,
Rabenschnäbel,
Räubersäbel,
Drachenblut
und Echsenei:
Ich bekomm die Note 2!

Paul Maar

✣ 1. Probiere, wie du die Notenbeschwörungssprüche sprechen kannst. Übe flüsternd. Tragt euch dann eure Varianten in der Klasse vor.

2. Lies vor, welche Stunden des Stundenplans dir am besten gefallen. Gib den Tag und die genaue Zeit dazu an.

Sofie verstellt sich

Im Turnen ist Sofie nicht so gut. Am wenigsten mag sie Ballspiele. Die andern in der Klasse sind fast alle größer und kräftiger. Da kommt sie schlecht weg. Jedesmal wird sie ausgeschimpft: „Spiel doch richtig!“ – „Warum hast du mir den Ball nicht zugeschmissen?“ – „Du bist eine Flasche, Sofie!“ Eine Flasche möchte Sofie nicht sein. Also hat sie sich was ausgedacht. Sie geht vor der Stunde zu ihrer Turnlehrerin, zu Frau Kleiber, zeigt auf ihr dünnes Bein und sagt: „Ich kann nicht mitmachen. Ich hab da Schmerzen.“ – „Tut dir das Bein richtig weh?“, erkundigt sich Frau Kleiber. Sofie nickt sehr eifrig. „Dann ist es besser, du spielst nicht mit.“ Sofie freut sich, dass es so gut geklappt hat. Von da an hat sie im Turnen oft Beinweh. Aber Frau Kleiber hat es ihr doch nicht so ganz geglaubt. Beim Abendessen fragt Mutter: „Was ist eigentlich los mit deinem Bein? Frau Kleiber hat mich angerufen. Früher hast du da öfter mal Schmerzen gehabt, aber die sind doch schon lange weg.“ Sofie ist ein bisschen verlegen, sagt aber: „Jetzt tun die eben wieder weh.“ – „Und immer nur, wenn Turnen ist?“, fragt Mutter. „Ja“, sagt Sofie. „Das ist komisch.“ – „Aber es ist wirklich so!“ Sofie wird richtig heftig. Vater bittet sie, das Bein herzuzeigen. Er streicht mit der Hand darüber, drückt und knufft und stellt am Ende fest: „Ich seh da nichts.“ – „Schmerzen kann man auch nicht sehen“, sagt Sofie. „Solche bestimmt nicht.“ Mutter ärgert sich. „Das nächste Mal machst du auf jeden Fall beim Turnen mit“, bestimmt Vater. „Aber die Kinder knuffen mich dauernd, und ich kann nicht richtig Ball spielen.“ – „Deswegen hast du Schmerzen“, stellt Mutter fest. „Nein. Die kommen schon immer vorher.“ – „Weil du Angst hast“, sagt Mutter. „Angst hat man mit dem Kopf“, antwortet Sofie trotzig. „Nicht mit dem Bein.“ – „Vielleicht hast du sie aber mit dem Bein.“ Mutter seufzt und meint dann: „Ich werd mal mit Frau Kleiber reden.“ – „Sag bloß nicht, dass ich das mit dem Bein erfinde!“ – „Nein.“ Mutter lacht. „Ich werd Frau Kleiber einfach sagen, dass du ein bisschen kleiner und dünner bist als die andern.“ – „Das ist doch Quatsch.“ – „Aber es ist wahr, Sofie“. – „Meine Schmerzen sind auch wahr.“ Mutter sagt nichts mehr. Sofie beschließt, das Beinweh bei der nächsten Turnstunde erst einmal nicht zu haben.

Peter Härtling

✣ Tauscht euch darüber aus, warum Sofie Beinweh hat.
Findet passende Stellen im Text. Lest sie euch vor.

Wir

Ich bin ich und du bist du.
Wenn ich rede, hörst du zu.
Wenn du sprichst, dann bin ich still,
weil ich dich verstehen will.
Wenn du fällst, helf ich dir auf,
und du fängst mich, wenn ich lauf.
Wenn du kickst, steh ich im Tor,
pfeif ich Angriff, schießt du vor.
Spielst du pong, dann spiel ich ping,
und du trommelst, wenn ich sing.
Allein kann keiner diese Sachen,
zusammen können wir viel machen.
Ich mit dir und du mit mir –
das sind wir.

Irmela Brender

Die Brücke

WorteWorteWorte
WorteWorteWorteWorte
Worte Worte
Worte Worte
Worte Worte
ICH Worte Worte DU

Renate Welsh

Lächeln …
Lächeln
Lächeln
Ich Du

✣ Überlegt, wie man noch eine Brücke von einem zum anderen herstellen kann.

Liebe Aygün!

Schenk mir deine Wörter,
schenk sie mir bald,
Wörter für Himmel,
für Sonne und Wald.
Wörter für Wiesen
mit Blumen bestreut,
Wörter für Flüsse,
für unendlich weit.

Wörter für Schafe
mit Fellen ganz dicht,
Wörter für Türme,
wie Glas so licht.
Wörter für Freundschaft,
für Frieden und Liebe
sind Wörter für Kinder,
für unsere Spiele.

Marianne Kreft

Aus einem anderen Land

In Deutschland sind im Durchschnitt in einer Klasse mit 30 Kindern drei oder vier Ausländerkinder. In manchen Stadtteilen von Großstädten wie Berlin oder Hamburg wohnen so viele Ausländer, dass in den Klassen vielleicht 15 oder 20 Kinder anderer Herkunft sind. Die allermeisten kommen aus der Türkei, aus dem ehemaligen Jugoslawien und aus Italien. In anderen, vor allem kleineren Orten gibt es dafür wieder Klassen nur mit deutschen Kindern. Vor über vierzig Jahren hat man damit begonnen, Menschen aus dem Ausland als Arbeitskräfte nach Deutschland einzuladen. Manche von ihnen sind hiergeblieben und haben Familien gegründet. Andere kommen, weil sie wegen ihrer Hautfarbe oder ihrer Religion oder wegen ihrer politischen Meinung verfolgt werden. Sie müssen befürchten, in ihrem Heimatland ins Gefängnis geworfen oder sogar getötet zu werden. Viele Menschen flüchten oder werden vertrieben, weil in ihrem Heimatland Krieg ist. Auch sie haben Angst um ihr Leben. Sie warten in einem sicheren Land darauf, wieder in ihre Heimat zurückkehren zu können. All diese Menschen bitten um einen Zufluchtsort (Asyl).

✣ Welche ausländischen Mitschülerinnen und Mitschüler gibt es in deiner Klasse? Welche Wörter kannst du von ihnen sammeln? Notiere sie auf einem Plakat.

Schulnachrichten

Guter Ton in der Schule

Eine 2. Klasse stellte aus Ton Anhänger her und bemalte sie mit Sprüchen gegen Gewalt. Diese Gedächtnisstützen verteilte sie an alle Schüler der Schule.

Klasse 2 der Gemeinschaftsgrundschule, Zum Hedelsberg, Köln

Freundschafts-Sprüche

An der Janusz-Korczak-Schule informierten sich die Kinder über die 21 verschiedenen Herkunftsländer an der Schule. Sie trugen auf einer riesigen Weltkarte die Namen der Mitschüler aus anderen Ländern ein, sangen, kochten, tanzten Tänze aus vielen Ländern und dichteten tolle Sprüche.

Sich was Nettes sagen,
ist besser als sich schlagen.

Francesca,
Klasse 2 der Janusz-Korczak-Schule,
Altenstadt

Wie leben die Kinder in anderen Ländern?

Wir wollten es wissen.
So besuchten uns Francesco aus Mosambik und Amadeus aus Kuba.
Wir konnten alles fragen, was wir wissen wollten.
Zum Beispiel, wie sie leben, was sie essen, was es für Instrumente gibt, womit die Kinder spielen, was es für Tiere gibt. Sie haben uns lustige Lieder und Tänze beigebracht. Es war einfach toll.
Unser Wunsch: Alle Menschen der Welt sollen Freunde sein.

Matti Bähring, Grundschule Am Elbdamm, Magdeburg

✜ Überlege, welche interessanten Mitteilungen es aus deiner Klasse gibt. Schreibe sie als kurze Nachricht auf. Veröffentliche sie in der Schulzeitung.

Wie Pizza zu spät gekommen ist

Pizza stand vor der Klassentür. Im Bauch spürte sie ein Zuspätkommgefühl. Piekig und drückend war das. Aus der Klasse hörte sie nichts.
Leise öffnete Pizza die Tür. Alle Kinder sahen Pizza an.
Und sie spürte, dass ihr Kopf rot wurde.
Nur die Lehrerin hatte noch nichts gemerkt.
Sie schrieb gerade etwas an die Tafel.
Pizza wollte sich gerade auf ihren Platz setzen, heimlich und schnell.
Leider drehte sich Frau Vesper genau in dem Augenblick um und sagte: „Guten Morgen, Pizza.“ –
„Guten Morgen, Frau Vesper“, antwortete Pizza.
Dann wollte die Lehrerin wissen: „Na? Warum kommst du denn heute so spät?“ Blitzschnell überlegte Pizza: Sag ich es ihr, oder sag ich es ihr nicht?
Vorsichtig sagte sie jetzt: „Eigentlich wollte ich sagen, warum ich zu spät komme. Aber ich hab es mir überlegt. Es ist ehrlich besser, wenn ich es nicht tue.“
Erstaunt fragte die Lehrerin: „Ist dir der Grund unangenehm, warum du zu spät gekommen bist?“ – „Nein, er ist mir sogar angenehm.“
Das verstanden Frau Vesper und die Kinder überhaupt nicht.
„Dann kannst du mir den Grund doch verraten“, sagte die Lehrerin.
„Nur, wenn Sie ihn wirklich unbedingt wissen wollen“, meinte Pizza.
„Ja, das will ich.“ Pizza holte tief Luft und sagte: …

Achim Bröger

1. Wenn du Pizzas verrückten Grund erfahren möchtest, dann leih dir das Buch „Pizza und Oskar gehen zur Schule“ von Achim Bröger aus.
2. Überlege, was Pizza antworten könnte.
   Schreibe es in ein „Klapp-Schulhaus.“ Es kann eine lustige, ungewöhnliche „Zuspätkomm-Geschichte“ werden.
   Du kannst auch ein eigenes Erlebnis aufschreiben.

Witzecke

„Kannst du schon schwimmen?“, fragte der Sportlehrer.
„Schon lange“, sagt Katrin.
„Und wo hast du es gelernt?“ –
„Im Wasser“, sagt Katrin.

Im Mathematikunterricht fragt der Lehrer:
„In einem Haus sind vier Treppen. Jede Treppe hat 18 Stufen.
Wie viele Stufen musst du steigen, um ganz nach oben zu gelangen?“ –
Marco: „Alle, Herr Maier.“

Im Sachunterricht werden gerade Frösche behandelt.
Robert passt nicht auf, träumt nur. Der Lehrerin fällt das auf.
Sie fragt: „Robert, was ist das: Es ist grün und hüpft auf der Wiese.“ –
„Eine ferngesteuerte Essiggurke.“

✤ 1. Wähle dir aus einem Witzbuch einen Witz aus, der dir besonders gefällt. Lies ihn so oft, bis du ihn fast auswendig kennst. Erzählt euch dann in der Klasse die Witze.

2. Noch besser: Spiele den Witz mit einer Partnerin oder einem Partner vor.

Die Verabredung

Jonathan hat sich mit Luise für den Schulweg verabredet. Er freut sich riesig, aber dann …

Morgens früh aufstehen, das mag Jonathan ganz und gar nicht. Meistens denkt er, es ist Sonntag, und er kann ausschlafen. Aber Sonntag ist es fast nie, und es dauert oft eine ganze Weile, bis Mama Jonathan aus den Federn geholt hat.

Doch heute ist es anders, da braucht Mama zum Wecken nur die halbe Zeit, und auch mit dem Frühstück hat Jonathan es ganz eilig. „Mein Kakao!“, ruft er, als er schon komplett angezogen in die Küche kommt. „Schnell!“ – „Nur mit der Ruhe“, sagt Mama. „Ihr trefft euch doch erst um halb acht.“ – „Außerdem wird es wohl nicht auf die eine oder andere Minute ankommen“, sagt Papa. „Nicht unter guten Freunden, meine ich.“ – „Habt ihr eine Ahnung“, sagt Jonathan und greift sich seinen Becher. „Bei Luise weiß man nie!“ – „Ach, ehrlich?“, fragt Papa. „Ja!“, sagt Jonathan. „Die kann ganz schön aus der Haut fahren! Wo ist mein Pausenbrot?“ – „Hier“, sagt Mama. Und sie möchte noch etwas sagen, doch da hat Jonathan sich schon den Pausenbrotbeutel geschnappt und läuft in sein Zimmer. Er schaut zum Fenster im Haus gegenüber. Das Rollo ist hochgezogen, aber Luise ist nicht zu sehen. Bloß der Kaktus. Kurz vor halb acht steht Jonathan draußen vor der Telefonzelle. Und er braucht nicht lange zu warten – gleich ist auch Luise da! Mit ihrem roten Schulranzen und hübsch wie immer.

„Soll ich dir mal was sagen?“, fragt sie, als sie losgehen. „Ja“, sagt Jonathan, „was denn?“ – „Wetten, du haust bei der Ampel ab.“ –

„Bei der Ampel?“, wundert sich Jonathan. „Warum denn?“ – „Wegen Gerrit“, sagt Luise.

„Bääähh“, sagt Jonathan lässig. „Das glaubst du doch wohl selbst nicht.“ Bei der Ampel treffen die Jungs sich jeden Morgen, das stimmt. Daran hat Jonathan, als er sich gestern mit Luise verabredet hat, gar nicht gedacht. Aber jetzt ist es zu spät. „Na, dann wollen wir mal sehen“, sagt Luise und grinst. „Ja, wollen wir mal sehen“, wiederholt Jonathan und schaut sich unruhig um. Nein, hier sieht er noch keinen Jungen aus seiner Klasse. Erst bei der Ampel werden welche sein. Gerrit auf jeden Fall. Und Mario. Man kann sich denken, wie sie losbrüllen werden, wenn sie Jonathan mit Luise sehen! (…)

Jonathan schaut nach vorn zur Ampel. Gerrit und Mario stehen schon da, natürlich. Er geht schneller. „Jonathan!“, ruft Luise. „Was ist?“ „Nichts“, sagt Jonathan. Plötzlich spürt er, dass er doch nicht mit Luise gehen will.

Eva Polak

weil Anna Murmelaugen hat

ich möchte neben Anna sitzen
und würde ihr immer die Stifte spitzen
aber sie bricht keinen ab
was für ein Pech ich hab!

ich will eine Laubhütte baun
ein Feuer machen und jagen
und steht sie morgen hinterm Zaun
werd ich sie fragen

Walther Petri

✥ Warum möchte Jonathan plötzlich nicht mehr mit Luise gehen? Tauscht eure Gedanken aus.

Leseübungstipps

Wenn du mithilfe deines Lesebuches Leseschwierigkeiten
überwinden willst, probiere unsere Lerntipps aus:

Tipp 1: Lesen mit einer Folie

Schneide dir eine Kopierfolie zurecht und lege sie über
eine Lesebuchseite. Nun unterstreiche mit dem Stift
die Antworten auf bestimmte Fragen oder schwierige Wörter.
Übe und kontrolliere mit deinem Partner.
Ist die Übung beendet, wische alles ab. Beim nächsten Üben
benutzt du die Folie wieder. Dein Buch bleibt immer sauber.
Übe so auf den Seiten 20, 22, 25, 36, 38, 46, …

Tipp 2: Lange Wörter lesen

Schul
Schuljahres
Schuljahresanfang

Setze auf deiner Folie unter besonders lange Wörter Silbenbögen.
Lies erst mit den Augen stumm. Sprich dann leise. Lies alles deinem Partner vor.
Tauscht eure Rollen. Schätzt ein. Wenn es nicht klappt, schreibt eure Wörter
als Wortpyramiden auf. Übt dann noch einmal. Probiere diese Übung
auf den Seiten 38, 39, 69, 84, 85, 120, 121, 128, 129, 132, 133, 140, 141.

Tipp 3: Längere Sätze mit Zeilenübergang lesen

*Wenn du/das wortweise Lesen/überwinden willst,/musst du/diese Übungen/
besonders oft durchführen.*

Teile auf deiner Folie besonders lange Sätze in Sinneinheiten ein.
Sinneinheiten sind Wörter, die von der Bedeutung her zusammengehören.
Setze nach allen Sinneinheiten einen Schrägstrich. Lies sie nun mit den Augen so oft,
bis du sie flüssig liest. Lege erst beim Strich eine kleine Pause zum Luftholen ein.
Du kannst flüsternd üben und alles deinem Partner vorlesen. Tauscht eure Rollen.
Schätzt ein. Wenn es noch nicht klappt, schreibe den Satz als Treppensatz auf.
Übe dann noch einmal. Diese Übung kannst du zum Beispiel auf den Seiten 27, 37, 58,
59, 60, 64, 76, 78, 123, 135, 142, 143, 144 ausprobieren.

Im Herbst

Septembermorgen

Im Nebel ruhet noch die Welt,
noch träumen Wald und Wiesen:
bald siehst du, wenn der Schleier fällt,
den blauen Himmel unverstellt,
herbstkräftig die gedämpfte Welt
in warmem Golde fließen.

Eduard Mörike

Der Herbst steht auf der Leiter

Der Herbst steht auf der Leiter
und malt die Blätter an,
ein lustiger Waldarbeiter,
ein froher Malersmann.

Er kleckst und pinselt fleißig
auf jedes Blattgewächs,
und kommt ein frecher Zeisig,
schwupp, kriegt der auch 'nen Klecks.

Die Tanne spricht zum Herbste:
Das ist ja fürchterlich,
die andern Bäume färbste,
was färbste nicht mal mich?

Die Blätter flattern munter
und finden sich so schön.
Sie werden immer bunter.
Am Ende falln sie runter.

Peter Hacks

1. Fragt eure Musiklehrerin oder euren -lehrer, ob sie oder ob er mit euch dieses Gedicht als Lied singen kann.
2. Wähle eine Strophe aus und zeichne dazu.

Der Tausch

Mein Sohn Matthes schenkte mir eine Hagebutte.
Sie glänzte wie ein Osterei, das mit Speckschwarte eingerieben wurde.
Ich schenkte Matthes das Foto von einem Damhirsch.
Matthes war glücklich, und ich war glücklich.
Das Hirschfoto hängt über Matthes' Bett.
Die Hagebutte schmückt meinen Schreibtisch;
sie liegt da und glänzt und sagt, wenn ich hinseh:
Vergiss nicht, der Herbst hat Freuden, mein Lieber!

Erwin Strittmatter

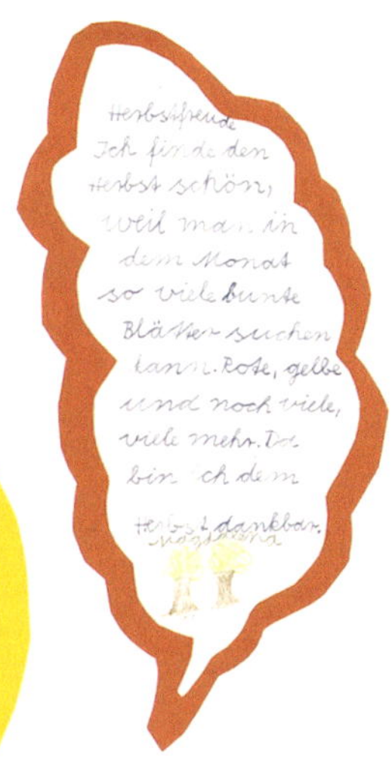

✤ Was hast du beobachtet? Was gefällt dir?
Erzähle von deinen Herbstfreuden.
Du kannst sie auch aufschreiben.

Der letzte Apfel am Apfelbaum

Die Blätter sind gefallen,
der Wind hat sie verweht,
und von den Äpfeln allen
hängt nur noch einer, seht!

Da sagt der Baum zum Apfel:
„Nun fall schon! Es ist Zeit."
Der Apfel sagt: „Erst wenn ich
das will, dann ist 's so weit –

so lang ich mich noch halten kann,
so lang hält auch der Herbst noch an."

Jurij Korinetz

Ein Rekord

Was wiegt ein Apfel?

Ein drei viertel bis ein Pfund können die Größten schon einmal erreichen.
Eine Zeitungsmeldung informierte darüber, dass im Südosten Englands
bei einer Landwirtschaftsausstellung ein Bauer einen Apfel
mit einem Durchmesser von 53 cm präsentierte,
der nicht weniger als 1,9 kg gewogen habe.
Man stelle sich vor: Ein Apfel groß wie eine Melone!
Einen halben Liter Apfelsaft könnte man daraus pressen,
einen ganzen Kuchen damit belegen,
Apfelkompott für eine große Familie kochen …
Aber wehe dem, der unter dem Apfelbaum gestanden
und diesen Apfel auf den Kopf bekommen hätte!

Annemarie Quehl, Rosemarie Krichbaum-Steuber

✤ Achte in den Zeitungen auf weitere Ernterekorde.
Schneide die Artikel aus und stelle sie in der Klasse vor.
Vielleicht entsteht so ein „Buch der Rekorde."

Apfeltee

Wenn du einmal wieder Äpfel isst, dann schäle sie vorher.
Aus den getrockneten Schalen kannst du nämlich Apfeltee kochen.
Willst du das einmal ausprobieren?

Fädle die Apfelschalen auf
und lasse sie trocknen. F

Süße den Tee mit Honig. Trinke ihn
kalt oder warm. Wohl bekomm 's! E

Nimm einen Esslöffel Schalen und eine
Tasse Wasser für eine Tasse Apfeltee. L

Schäle die Äpfel. P

Nimm ungespritzte Äpfel. A

Gib eine Vanilleschote dazu. T

Schütte die getrockneten Schalen
in eine Blechdose. E

Fülle alles in einen Topf und lass es
fünf Minuten lang kochen. E

✣ Hier ist etwas durcheinandergeraten. Lies erst still.
Lies dann die Arbeitsschritte in der richtigen Reihenfolge vor.

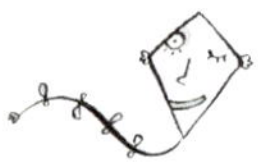

Gegen den Wind

Wer gegen den Wind
durch die Gegend geht,
dass der Sturm allen Ärger
aus ihm weht,

kehrt aus dem Gezerr
und Gebrüll und Gebraus
leichter und freier und froher
nach Haus.

Josef Guggenmos

fliegen

fliegen

fliegen

fliegen

fliegen
fliegen
fliegen
fliegen

Ernst Jandl

Unerhörte Begebenheit

Ein Maler malte Menschen
Die ohne Flugzeug flogen
Und so wie wilde Schwäne
Über den Himmel zogen.

Da sagte man dem Maler
Er sei wohl nicht gescheit
Denn ohne Flugzeug fliege
Kein Mensch in Wirklichkeit.

Der Maler nahm sein Bild
Und sagte nicht ein Wort
Hielt es wie einen Drachen
Und flog im Herbstwind fort.

Dieter Mucke

Immer windiger – immer länger

Wind
Windmühle
Bockwindmühle

Wind
Windkraft
Windkraftwerk

Wind
Windpocken
Windpockenvirus

Wind
Windhund
...

Wind
...
...

Südamerikanischer Windvogel

In Südamerika, einem Teil der Erde, wo die meisten Menschen sehr arm sind, basteln die Kinder tolle Sachen aus ganz einfachen Materialien. Du wirst wie sie bestimmt großen Spaß am Herstellen eines Windvogels haben, der – wenn er fertig ist – laute Windgeräusche erzeugt.

Du brauchst: Zeitungspapier, Krepppapier, Schnur, Klebstoff

1. Zuerst knülle eine Zeitungsseite fest zu einer Kugel zusammen.
2. Dann schneide aus Krepppapier ein ungefähr 25 cm x 25 cm großes Stück aus.
3. Mit dem Krepppapier packe die Zeitungskugel wie in ein Säckchen ein, das du oben mit der Schnur zubindest.
   Die Schnur soll an einer Seite so lang wie dein Arm sein.
4. Rund um das Säckchen klebe nun 40 cm lange Krepppapierstreifen.
5. An das Ende der langen Schnur kannst du noch ein Herbst- oder Windgedicht hängen und dann los: Vogel flieg!

Halloween

Der 31. Oktober ist besonders in den USA ein von den Kindern lang ersehnter Tag. Eigentlich ist es ein uraltes Fest, das unsere Vorfahren vor Jahrhunderten gefeiert haben. Es entspricht den Festen *Allerheiligen* und *Allerseelen* bei uns.

Unsere Vorfahren glaubten, dass zu dieser dunklen und kühlen Herbstzeit die Seelen der Verstorbenen zu Besuch kommen. Vor diesen Geistern hatten sie natürlich Angst. Gleichzeitig wollten sie sich ihnen gegenüber auch ehrfürchtig verhalten, damit die unheimlichen Besucher ihnen keinen Streich spielen.
So stellten die Menschen früher Essen für die Seelen der Verstorbenen bereit und zündeten ihnen Lichter an.
Außerdem machten sie viel Lärm, damit diese Gäste nicht so lange bleiben und böse Geister gar nicht erst kommen.

In Amerika hat Halloween heute ein bisschen Ähnlichkeit mit unserem Fasching und Karneval, denn viele Kinder kostümieren sich an diesem herrlichen Tag.

✤ Lies still und suche die Antworten. Lies dann vor.

- Wann wird Halloween gefeiert?
- Warum feiert man in Amerika das Halloween-Fest?
- An welches Fest bei uns erinnert es?

So feiern Carol und Kevin

Endlich ist der 31. Oktober. Am Nachmittag sitzt Carol in der Küche und schnitzt in einen … eine schaurige Fratze. Für Augen, Nase und Mund schneidet sie große Löcher in die Schale. Unterdessen ist ihr Bruder Kevin im Kino. Dort laufen den ganzen Tag kostenlos … Als es dann allmählich dunkel wird, ist es schließlich so weit: Halloween beginnt. Carol trägt ihren Kürbis in den Garten und hängt ihn an einer Schnur in den Ahornbaum. Dann zündet sie die … an, die sie mitten in den Kürbis gesetzt hat. Hellorange, wie ein aufgehender Mond, leuchtet der Kürbis auf. Und ganz deutlich ist die Grimasse zu erkennen, die Carol in seine Schale geschnitzt hat.

Inzwischen ist auch Kevin wieder zu Hause. Schnell läuft er in sein Zimmer, um sein Laken überzuziehen. Er ist ganz aufgekratzt und möchte nun ebenso geistern wie all die …, die er gerade im Kino gesehen hat. Auch Carol verkleidet sich. Letztes Jahr hatte sie sich als Hexe maskiert, dieses Mal geht sie als Clown. Kaum stecken Carol und Kevin in ihren Kostümen, laufen beide aus dem Haus, um sich mit den anderen Kindern aus der Straße zu treffen. In vielen Gärten leuchten Kürbisse aus den Bäumen oder von mannshohen Pfählen. Die Kinder treffen sich alle an der Straßenecke. Manche tragen ganz schreckliche … und manche ganz schöne. So steht ein Räuber neben einer Prinzessin, ein Klabautermann neben einer Katze oder eine Hexe neben einem Clown, und auch Carols Freundin Pam als King Kong ist dabei. Als alle Kinder zusammen sind, ziehen sie von Haus zu Haus. An jeder Haustür läuten sie, und sobald geöffnet wird, rufen alle im Chor: „Trick or treat!“ Das heißt übersetzt: „Spende oder Streiche!“ Meistens bekommen sie … geschenkt. Anschließend feiern die Kinder gemeinsam bei Carol und Kevin eine tolle … . Habt ihr auch Lust dazu?

Süßigkeiten   Gespenster   Kerze   Kürbis

Kostüme   Geisterfilme   Party

1. Probiert es, eine solche Kürbislaterne zu schnitzen. Man kann auch Runkelrüben nehmen.
2. Erzähle dann, wie du anstelle von Carol und Kevin Halloween feierst. Beginne so: Am Nachmittag sitze ich …

Der Vogel

Im Herbst, wenn es kühl wird, ziehen fast alle Vögel nach dem Süden. Dort bleiben sie, bis es im Frühling bei uns wieder wärmer wird. Besonders die schönen bunten Vögel fliegen davon. Nachdem fast alle weg sind, liegt eines Morgens solch ein schöner bunter Vogel vor Meyers Haustür. Er ist schwach und wohl krank. Peter findet ihn. Er legt Heu in einen alten Eimer. Darauf bettet er den Vogel. Dann versucht er ihn zu füttern. Der Vogel nimmt nichts. Er dreht den Kopf zur Seite und macht die Augen zu. Peter rennt mit dem Eimer durch den Garten. Hinter der Hecke ist der Friedhof. Dort harkt der alte Heinrich Laub zusammen. Peter zeigt ihm den Vogel.

Er fragt: „Was ist mit dem?" Der alte Heinrich sieht sich den Vogel lange an. Dann sagt er: „Der ist mausetot." – „Aber er hat sich bewegt", sagt Peter. „Na und", sagt der alte Heinrich, „dafür ist er jetzt tot." Er nimmt den Vogel und will ihn auf den Abfallhaufen werfen, wo alte Kränze, welke Blumen, Unkraut und Blätter liegen. Aber Peter springt hoch und schnappt sich den Vogel. Er legt ihn behutsam in den Eimer zurück. „Vielleicht ist er ohnmächtig, so wie manchmal Tante Lina", sagt er. „Die wacht auch immer wieder auf." – „Tot ist tot", sagt der alte Heinrich und harkt weiter. Peter trägt den Vogel in den warmen Heizungskeller. Er nimmt ihn in beide Hände, haucht ihn an und schüttelt ihn. Der Vogel rührt sich nicht. Schließlich legt Peter den Vogel wieder in den Eimer zurück. Genauso liegt der Vogel am andern Morgen noch da. Langsam trottet Peter durch den Garten und kriecht durch die Hecke auf den Friedhof.

Der alte Heinrich deckt die Gräber mit Tannenreisig ab.
„Na, was hab ich gesagt?“, fragt er.
„Wirf ihn nicht einfach weg“, sagt Peter, „mach ihm ein richtiges Grab.“
Der alte Heinrich brummt zwar, aber er nimmt den Spaten und hebt unter der großen Tanne ein Loch aus. Das polstert Peter mit Heu aus, legt den Vogel darauf und deckt ihn mit Heu zu. Der alte Heinrich wirft das Loch zu.
Dann deckt er es mit Tannenzweigen ab. Peter läuft zum Abfallhaufen.
Er kommt mit einer rosa Wachsrose zurück. Die hat er aus einem alten Kranz gezogen. Er steckt sie mitten auf das Vogelgrab.
Peter kommt jeden Tag und besucht den toten Vogel. Mal harkt er rund um die Stelle, mal ordnet er das Reisig, mal steckt er die Rose wieder gerade.
„Kannst auch mal so schön für mein Grab sorgen“, ruft der alte Heinrich.
„Mach ich“, ruft Peter.

Dann fällt Schnee.
Der Tümpel hinterm Dorf friert zu, und alle Kinder laufen Schlittschuh, auch Peter. Sie bauen Schneemänner, machen Schneeballschlachten und rodeln. Peter denkt nicht mehr an den Vogel.
Dann schmilzt der Schnee. Die Sonne scheint wärmer. Die Vögel kommen aus dem Süden zurück. Der alte Heinrich ist den ganzen Tag auf dem Friedhof.
Er harkt die Wege, sammelt das alte Reisig von den Gräbern und bepflanzt sie mit Stiefmütterchen.
„Komm mal her“, ruft er Peter zu. Peter kriecht durch die Hecke.
Der alte Heinrich zeigt ihm das Vogelnest in der großen Tanne.
Darin brütet ein schöner bunter Vogel. Wenn Peter sich auf die Zehenspitzen stellt, kann er die kleinen Eier sehen.
Inzwischen harkt der alte Heinrich zusammen, was unter der Tanne liegt: trockene Zweige und eine Wachsrose.
Er wirft alles auf den Abfallhaufen.

Margret Rettich

✣ 1. Wie geht Peter mit dem Vogel um?
Suche Wörter, die das besonders gut ausdrücken.

2. Lies die Textstellen vor, die genau zu den Illustrationen passen.
Gib die Zeilennummer an, damit die anderen still mitlesen können.

November

Auch das grünste Laub,
jetzt im November
wird es braun,
und es fällt,
und es fault,
und im Frühjahr
ist es grauer Staub.

Alfons Schweiggert

Nun liegt die Erde wieder brach,
die Vögel ziehn der Sonne nach,
der Herbst ist da, und Regen fällt,
und still und ruhig ist die Welt.

Rudolf Wehren

Zwei letzte
Knospen hat der Rosenstrauch,
Die ersten
Rosenfrüchte leuchten wie
Kleine Winterfeuer auf.

Eva Strittmatter

Nebel hängt wie Rauch ums Haus,
drängt die Welt nach innen;
ohne Not geht niemand aus,
alles fällt in Sinnen.

Christian Morgenstern

Der Herbst,
der geht durch Wald und Flur
mit Stiefeln, Schal und Mütze.
Sieht in der Luft die Vögel nur
und tritt in jede Pfütze.

Janosch

Nebel, Nebel, Niebel,
schwing dich auf den Giebel,
schwing dich auf zur Himmelstür
lass die liebe Sonn herfür!

Volksgut

✜ Welches kleine Spätherbstgedicht gefällt dir am besten? Warum?
Lerne es auswendig und trage es deiner Familie und deiner Klasse vor.

Miteinander leben

Wen du brauchst

Einen zum Küssen und Augenzubinden,
einen zum lustige-Streiche-erfinden,
Einen zum Regenbogen-suchen-gehn
und einen zum fest-auf-dem-Boden-stehn.
Einen zum Brüllen, zum Leisesein einen,
einen zum Lachen und einen zum Weinen.
Auf jeden Fall einen, der dich mag,
heute und morgen und jeden Tag.

Regina Schwarz

Baby

Robby klingelt. Er will Miki abholen. Mama geht mit runter bis zur Haustür. Sie hilft Miki mit dem Ranzen.
„Tschüss!“, sagt sie und gibt Miki einen Kuss.
„Tschüss!“, sagt Miki und gibt Mama einen Kuss. Er dreht sich immer wieder um und winkt. Fast wäre er mit einem Mann zusammengestoßen.
Robby knufft Miki in die Seite.
„Bist du ein Baby oder was?“ –
„Ein Baby?“, fragt Miki empört.
„Wie kommst du denn auf so ’nen Quatsch?“ –
„Ist doch klar, Mann“, sagt Robby.
Er macht ein wichtiges Gesicht.
„Nur Babys lassen sich von ihren Mamas küssen. Richtige Männer nicht. Niemals.“ Robby schüttelt sich. „Solche Knutschereien finden die eklig.“ –
„Das stimmt nicht“, sagt Miki. „Nämlich mein Papa lässt sich von meiner Mutter oft küssen. Und er küsst sie auch. Das findet er überhaupt nicht eklig.“
Robby schüttelt den Kopf. „Du verstehst auch gar nichts. Das ist doch mit Verliebtsein und so. Bist du etwa verliebt in deine Mutter?“
Miki ist sehr verliebt. In Tatjana. Und ein bisschen auch in Mama. Aber das sagt er jetzt lieber nicht. Robby redet sowieso schon weiter.
„Ich glaube, ich verliebe mich überhaupt nie. Wenn alle Weiber so sind wie meine große Schwester, dann vielen Dank. Die würde ich nie küssen. Höchstens, wenn du mir eine Million Mark gibst.“ Miki schüttelt den Kopf. Er hat gar keine Million. Nicht mal eine einzige Mark. Die letzte hat er gestern für Fußballbilder ausgegeben. Robby bleibt am Schultor stehen.
„Schluss mit der Küsserei, Kleiner. Sonst wird nie ein richtiger Mann aus dir. Klar?“ Robby klopft Miki noch einmal auf die Schulter. Dann läuft er zu den Jungen seiner Klasse.

Frauke Nahrgang

✣ Denke über die Überschrift des Textes nach. Wie findest du Robbys Meinung? Sprecht in der Gruppe darüber. Suche die Textstelle, die genau zur Illustration passt.

Du

Ich geh in deinem Gesicht spazieren.
Alles ist vertraut:
dein Mund,
deine Nase.
Ich fühle
die weiche Haut
und muss halten
bei den lachenden Augen.
Ich zähle die kleinen Falten.
Kuschle mich
in deinen Arm,
fühl mich geborgen.
Du bist so warm.

Regina Schwarz

Zufall

In Schweden schrie ein Baby –
das war vor Jahr und Tag,
als hierzuland im Körbchen
ein andres Baby lag.

Sonst geht 's so nur im Märchen,
doch diesmal ist es wahr:
die beiden Babys wurden
ganz zufällig ein Paar.

Der Papa, der erzählte
gestern die Sache mir:
er selber ist aus Schweden,
die Mama ist von hier.

Rudolf Otto Wiemer

Zu Hause

Schnurrli freut sich, wenn ich komm.
Zu Hause geht 's mir gut.
Mit Mama seh ich gerne fern.
Zu Hause geht 's mir gut.
Mein Bruder macht mein Fahrrad heil.
Papa liest mir abends vor.
Zu Hause geht 's mir gut.
Ich möchte niemals fort von hier.

Justus

✤ Das Gedicht von Justus nennt man Rondell. Stelle fest, wie es aufgebaut ist. Schreibe dann dein eigenes Rondell.

Worüber der Franz unzufrieden ist

Der Franz ist mit seiner Mama und mit seinem Papa fast immer zufrieden. Nur wenn es ums Fernsehen geht, muss er sich über die beiden ärgern. Weil sie Fernseh-Muffel sind! Bloß drei Programme kann der Franz sehen. Oft beschwert er sich bei der Mama: „Alle Kinder haben Kabel. Oder eine Satelliten-Schüssel. Zwanzig Programme können die sehen. Und ich bin dauernd der Blöde."

Der Franz kommt sich wie „der Blöde" vor, weil die Kinder in der Schule immer von den Filmen reden, die sie im Fernsehen angeschaut haben. Und er kann dann nie mitreden. Und weil die Kinder sehr oft und sehr lang davon reden, kann er sehr oft nicht mitreden und muss sehr lang den Mund halten.

Vor zwei Wochen nun haben die Kinder wieder einmal über eine TV-Serie geredet. Über eine, wo ein Detektiv einen Hund als Partner hat. Und der ist so klug, dass er Verbrechen erschnüffelt. Die einen Kinder haben die Serie toll gefunden. Die anderen Kinder haben gesagt, sie sei doch totaler Unsinn. Weil es so einen Hund nicht geben kann. Der Franz hat still dabeigesessen. „Was meinst du?", hat ihn der Alexander gefragt. Der Franz wollte nicht schon wieder sagen, dass er diese Serie zu Hause nicht sehen kann. So sagte er: „Ich hab …"

Christine Nöstlinger

✣ 1. Überlege, was Franz sagen könnte.

2. Suche alle Wörter heraus, die mit dem Fernsehen zu tun haben. Wie viele findest du?

3. Leiht euch das Buch in der Klasse aus. Lest gemeinsam nach, was er geantwortet hat.

Fernseh-Probleme

Uta Bettzieche

✤ Betrachte den Comic genau. Erzähle, was geschieht. Versucht die Szene zu spielen.

Wunder des Alltags

Manchmal, da habe ich eine Angst.
Manchmal, da habe ich einen Zorn.
Manchmal, da habe ich eine Wut.

Manchmal, da habe ich keine Freude.
Manchmal, da habe ich kein Vertrauen.
Manchmal, da habe ich keinen Mut.

Aber manchmal,
da kommt plötzlich jemand
und fragt mich: „Komm du, geht 's dir nicht gut?"

Hans Manz

Lisa und Peter kommen in eine SOS-Kinderdorf-Familie

Als ich ins SOS-Kinderdorf kam, war ich fünf Jahre alt, mein Bruder Peter war drei. Ich kann mich nicht mehr genau daran erinnern, wie das Leben bei unserer leiblichen Mutter war, auf jeden Fall ging es uns nicht besonders gut. Unsere Mutter war noch sehr jung, als sie uns bekam, und unser Vater ist nicht lange bei ihr geblieben, den kennen wir gar nicht.
Jedenfalls hat unsere Mutter sehr viele Probleme gehabt und konnte sich nicht richtig um uns kümmern. Unsere Nachbarin hat hin und wieder nach uns gesehen, und die hat dann auch das Jugendamt verständigt.
Die Leute vom Jugendamt haben dann beschlossen, dass wir in eine SOS-Kinderdorf-Familie kommen, wo wir mit einer SOS-Kinderdorf-Mutti und neuen Geschwistern leben würden.

Am Anfang hatten Peter und ich ziemlich Angst davor, was uns dort erwarten würde. Ich kann mich noch gut erinnern, wie wir dann dort ankamen und das kleine Dorf mit vielen Häusern und Bäumen sahen. Wir gingen zu einem der schönen Häuser, und eine Frau mit freundlichem Lächeln öffnete uns die Tür.

Diese Frau, unsere SOS-Kinderdorf-Mutti, hat uns erklärt, dass wir jetzt in diesem Haus mit ihr und unseren neuen Geschwistern als Familie zusammenleben würden, und dass wir keine Angst mehr haben müssten. Peter und ich bekamen sogar ein schönes Zimmer, wo wir von da an schlafen und spielen konnten.

Wir sind dann durch das ganze Haus gelaufen und haben uns die Zimmer angesehen. Alles war sehr schön eingerichtet. Am besten haben uns aber die Küche und das große Esszimmer gefallen. Da stand ein langer Tisch mit vielen Stühlen drum herum, und da saßen auch schon unsere neuen Geschwister Stefan, Maria und Lukas. Wir hatten alle gemeinsam gegessen, und die anderen Kinder haben viel erzählt, von der Schule, vom Spielen und von anderen Kindern. Peter und ich haben uns zwar noch nicht so viel zu sagen getraut, haben uns aber gleich sehr wohlgefühlt in dieser Familie.

Unsere Mutti hat sich dann auch ganz prima um uns gekümmert, und wir haben uns mit der Zeit sehr gut eingelebt. Mutti ist immer da für uns, und wir haben sie ganz, ganz lieb. Hier, in unserer neuen Familie mit unserer Mutti und den Geschwistern, geht es uns jetzt richtig prima. Wir haben auch viele Freunde aus den anderen Familien, mit denen wir viel Spaß haben.

Lisa, 11 Jahre

Nicht da ist man daheim,
wo man geboren ist,
sondern,
wo man geliebt wird.

Christian Morgenstern

✤ Wer noch mehr über SOS-Kinderdörfer erfahren möchte, kann sich an folgende Adresse wenden: SOS-Kinderdorf e. V., Öffentlichkeitsarbeit, Renatastraße 77, München, 80639 oder im Internet http://www.sos-kinderdorf.de anwählen.

Erstens, zweitens, drittens

Katrins Opa ist voriges Jahr gestorben. Sie muss aber noch oft an ihn denken und besucht ihn manchmal auf dem Friedhof. Immer dann, wenn ihre Oma sie mitnimmt. Der Grabstein, auf dem Opas Name steht, ist ein kleiner Felsbrocken. Katrin findet, der Stein passt gut zu Opa. Er war ja auch sehr klein und dick. Und oft sehr stur. Stets tat er nur, was er wollte. Trotzdem hat Katrin ihren Opa sehr gern gehabt. Wenn er mit ihr im Park spazieren ging, erzählte er immer was. Mal redeten sie über die Sterne am Himmel. Mal über Tiere. Mal darüber, wie es damals war, als ihre Eltern noch kleine Kinder waren. Mit anderen Leuten sprach Katrins Opa nicht so gern. Da schwieg er lieber, um besser nachdenken zu können, wie er sagte. Im Stadtpark wollte Katrin von ihrem Opa mal wissen, weshalb er ausgerechnet mit ihr so gern sprach. Da setzte er sich auf eine Bank und schwieg lange. Dann sagte er leise: „Erstens, weil ich dich sehr lieb habe." Das hatte Katrin sich schon gedacht. „Und zweitens?" – „Zweitens, weil ich mich gern mit Leuten unterhalte, die noch neugierig sind." Das hatte Katrin noch nicht gewusst. Aber ihr Opa hatte Recht: Sie war unheimlich neugierig und hätte am liebsten alles gewusst. Sie konnte sich gar nicht vorstellen, dass es Menschen gab, die nicht neugierig waren. Ihr Opa jedoch sagte, unter den Erwachsenen gäbe es davon sehr viele, und sie glaubte ihm. „Und drittens?", fragte sie weiter, denn sie dachte sich, dass noch etwas kam. Katrins Opa überlegte erst wieder. Dann sagte er: „Drittens, weil ich möchte, dass du später mal an mich denkst." Mit „später" meinte Katrins Opa die Zeit nach seinem Tod. Katrin begriff das sofort. Weil sie aber nicht gern daran dachte, dass sie ihre Großeltern irgendwann nicht mehr haben würde, fragte sie nicht weiter danach. „Ich möchte", sagte ihr Opa zu ihr, „dass du dich später an die vielen Dinge erinnerst, die wir zusammen gemacht und über die wir gesprochen haben. Dann kannst du eines Tages deinen Kindern von Oma und mir erzählen. Und deinen Enkeln. Auf diese Weise werden wir lange nicht vergessen." Katrin wird ihren Kindern ganz bestimmt von ihren Großeltern erzählen. Das nimmt sie sich jedes Mal vor, wenn sie vom Friedhof kommt. Und ein klein bisschen freut sie sich schon darauf.

Klaus Kordon

✣ 1. Katrin erinnert sich sehr gut an ihren Opa. Suche solche Textstellen heraus.

2. Lies noch einmal die drei Gründe, warum Katrins Opa so gern mit ihr sprach.

Meine Oma – mein Opa

Meine Oma und mein Opi sind ganz, ganz nett. Mein Opa hatte mal eine Voliere für die Nymphensittiche gebaut. Oma und Opa bringen immer eine Überraschung mit. Oma und Opa sind die Besten. Sie freuen sich, wenn wir zu Besuch kommen. Felix

Mein Opa baut gern. Er spielt auch Schach und Skat. Meine Oma bäckt gern. Sie spielt auch Skat. Man kann mit ihr gut reden. Sie macht mir gern eine Freude, und sie hält auch den Garten sauber. Das Komische ist, dass mein Opa denselben Vornamen hat wie mein Papa, weil meiner Oma der Name so toll gefiel, dass sie ihr Kind auch so nannte. Ich hoffe, dass sie bald bei uns einziehen. Anja

Meine Oma arbeitet gern im Garten. Immer, wenn ich sage: „Oma, im Garten ist Unkraut", geht sie sofort in den Garten und zupft Unkraut. Aber dabei tritt sie immer auf den Schwanz der Katze. Und die Katze rennt sofort weg und verwüstet den Rasen. Aber dann nimmt meine Oma die Katze sofort im Nacken und geht mit ihr ins Haus und schmeißt die Katze ins Schlafzimmer. Dann sagt Oma zu Opa: „Halte sofort Wache, damit die Katze nicht wegläuft." Andreas

Immer, wenn Opa von der Arbeit kommt, sagt er: „Na, Schnulle." Also, ich finde Opa ziemlich nett. Jasmin

Meine Oma liebt Hunde. Einmal sind wir spazieren gegangen und an einem Schild stand: „Vorsicht, bissiger Hund!" Aber Oma hat ihn trotzdem angefasst. Sie fasst jeden Hund an, ob er bissig ist oder nicht. Annabel

✤ Was kannst du von deinen Großeltern erzählen oder aufschreiben?

Fabelhaftes

In Fabeln handeln Tiere wie Menschen. Die Menschen können sich in vielen Fabeln wie in einem Spiegel wiedererkennen. In knapper und auch witziger Form werden ihnen kritische Dinge gesagt. So war es in früherer Zeit, und so ist es auch in neueren Fabeln.

Der Zeisig und die Taube

Ein kleiner Zeisig flog aus seinem Nest,
und schon saß er in einer Falle fest.
Der Ärmste jammerte. Auf sein Geschrei
flog eine junge Taube rasch herbei.
Sie spottete: „Du sollst dich schämen!
Wie kann man sich so tölpelhaft benehmen?
Mir klugen Taube kann das nie geschehen:
Man hat doch Augen, um zu sehen!
Ich geb stets acht, wo fliege ich jetzt hin … ?“,
sprach sie – und war selbst in der Schlinge drin.

Merk dir die Lehre schon beizeiten:
Man spotte nie, wenn andre leiden!

Iwan Krylow

Von einer Maus, die einen Löwen befreit

Es war einmal ein Löwe, der sich zu einem Mittagsschlaf hingelegt hatte. Da lief eine Maus über seine riesigen Tatzen. Der Löwe erwachte. Verärgert über die Störung, packte er das kleine Tier und wollte es verschlingen. Da rief die Maus mit kläglicher Stimme: „König der Tiere, du bist gewohnt, mit Stieren und Hirschen zu kämpfen. Ich bin doch nur ein winziger Bissen für dich. Lass mich am Leben. Vielleicht kann auch ich dir eines Tages einen Dienst erweisen.“

Der Löwe lachte und ließ die Maus großmütig laufen. Bald darauf verfing er sich im Netz eines Jägers. Verzweifelt versuchte er sich zu befreien, aber es gelang ihm nicht.
Von seinem Gebrüll geweckt, kam die Maus aus ihrem Loch. Ohne lange zu überlegen, fing sie mit ihren scharfen Zähnen an, die Stricke durchzunagen. Und sie gab nicht auf, bis der Löwe befreit war.

Max Bolliger nach Äsop

Von einem Fuchs, einem Löwen und einem Bären

Auf der Suche nach einer Beute trafen sich der Löwe und der Bär. Gemeinsam jagten sie ein Hirschkalb. Als sie es zerlegt hatten, wollte jeder den größeren und besseren Teil.
Sie fingen an zu streiten, zuerst mit Worten, dann mit ihren Pranken und Zähnen. Ein Fuchs, der zufällig in der Nähe war, sah den Kämpfenden begeistert zu. Einmal schien der Bär, dann der Löwe zu siegen. Am Ende aber lagen beide erschöpft am Boden und konnten sich kaum mehr rühren. Auf diesen Augenblick hatte der Fuchs gewartet. Er lief hinzu, packte das Kalb und machte sich damit aus dem Staub. Als der Bär und der Löwe sich wieder erholt, aber noch nicht die Kraft hatten, den Fuchs zu verfolgen, schauten sie sich verdutzt an.
Doch dann begannen sie laut zu lachen. „Wenn zwei sich streiten, freut sich der Dritte. Und dafür haben wir Dummköpfe uns halb totgeschlagen."

Max Bolliger

Die beiden Ziegen

Zwei Ziegen begegneten einander auf einem schmalen Steg,
der über einen tiefen Fluss führte.
Die eine wollte hinüber, die andere herüber.
„Geh mir aus dem Weg!", sagte die eine.
Die andere aber rief: „Das wäre mir schön!
Ich war zuerst auf der Brücke.
Geh du zurück und lass mich hinüber!"
„Ich will nicht", sagte die erste,
„ich habe hier so viel Recht wie du."

So wechselten sie noch viele Worte miteinander.
Keine wollte nachgeben. Sie zankten sich immer mehr,
und schließlich kam es zum Kampf zwischen beiden.
Sie senkten ihre Hörner, rannten zornig aufeinander los
und stießen heftig zusammen. Dabei fielen beide
von der schmalen Brücke in das tiefe Wasser hinein.

K. D. Uschinski

✤ 1. Findest du in diesen Fabeln eigene Erfahrungen wieder? Denke in Ruhe nach.

2. Versucht mit eurer Körpersprache (Pantomime) das Geschehen einer der vier Fabeln darzustellen. Lasst eure Mitschüler die Fabel erraten.

Nach einem Streit

Ich?

Den ersten Schritt machen?

Ich soll den ersten Schritt machen?

Warum soll ich?

Warum soll ich den ersten Schritt machen?

Warum ich?

Den ersten Schritt machen?

Warum eigentlich nicht?

Gerda Anger-Schmidt

✤ In diesem kleinen Selbstgespräch nach einem Streit
ändert das Kind seine Haltung.
Woran erkennst du das? Beachte es beim Vortragen.

Märchenzeit

Die Märchen

Hinter dem Himmel
schlafen die Märchen
Wer weiß den Weg
wer hat den Schlüssel
wer weckt sie
Wir Kinder
warten

Rose Ausländer

Die diamantene Axt

Erzähler: Einstmals hackte ein Armer am Ufer eines Flusses Holz. Plötzlich löste sich die Axt vom Stiel, fiel ins Wasser und versank. Der Arme weinte über den Verlust.

Armer: „Oh! Was soll ich jetzt tun? Wie kann ich ohne Axt Holz hacken? Wie werde ich ohne Verdienst meine Familie ernähren können?“

Erzähler: Da brauste und raschelte es in den Sträuchern, und tap-tap-tap kam aus dem Wald ein seltsamer Alter. An Stelle des Bartes hatte er graues Moos, und die Nase war ein großer Tannenzapfen.

Alter: „Was klagst du, guter Mensch? Was ist dir Böses widerfahren?“

Armer: „Wie soll ich nicht weinen? Die Axt fiel mir ins Wasser. Womit werde ich jetzt Holz hacken? Womit soll ich meine Kinder ernähren?“

Erzähler: Der Alte warf seine Kutte ab, streifte die Latschen von den Füßen, und plumps! – sprang er ins Wasser.

Alter: „Ich helfe dir.“

Erzähler: Nach einigen Augenblicken kam er wieder heraus und übergab dem Armen eine goldene Axt.

Alter: „Da, nimm! Ist das deine Axt?“

Armer: „Nein, das ist nicht meine Axt.“

Erzähler: Wieder tauchte der Alte unter und gleich wieder auf. Er übergab dem Armen eine silberne Axt.

Alter: „Ist das deine Axt?“

Armer: „Nein, das ist nicht meine Axt.“

Erzähler: Beim dritten Mal brachte der Alte eine eiserne Axt.

Alter: „Ist das deine Axt?“

Armer: „Das ist meine!“

Erzähler: Der Arme ergriff seine Axt, bedankte sich und wollte nach Hause laufen. Aber der Alte ließ ihn nicht fort.

Alter: „Bleib stehen, nimm auch diese zwei!“

Armer: „Nun, wenn es so ist, dann danke ich dir. Ich werde es dir nie vergessen.“

Erzähler: Und er ging nach Hause. Auf der Schulter trug er drei Äxte: eine goldene, eine silberne und eine eiserne. Von diesem Glück hörte ein Reicher, und die Habsucht überfiel ihn.

Reicher: „Auch ich werde an den Fluss gehen, vielleicht fällt mir Reichtum zu."

Erzähler: Er nahm eine Axt mit sich, die er nur ganz leicht auf dem Stiel befestigt hatte. Er kam zu der Stelle und schlug mit der Axt zu.
Die Axt fiel ins Wasser.

Reicher: „Oh, ich Unglücklicher!"

Erzähler: Da brauste und raschelte es in den Sträuchern, und der Alte trat heraus. Der Bart war aus grauem Moos, die Nase aus einem Tannenzapfen.

Alter: „Wer jammert hier so? Wen hat in meinem Wald das Unglück getroffen?"

Reicher: „Das bin ich. Ich habe Holz gehackt, die Axt ging mir entzwei und fiel ins Wasser. Wer holt sie mir jetzt heraus?"

Erzähler: Der Alte legte seine Kutte ab, zog die Latschen aus und sprang ins Wasser. Er kam heraus, in der Hand eine eiserne Axt haltend.

Alter: „Ist das deine?"

Reicher: „Nein, das ist nicht meine. Meine Axt war besser."

Erzähler: Wieder sprang der Alte ins Wasser. Er übergab dem Reichen eine silberne Axt.

Alter: „Ist das deine?"

Reicher: „Auch das ist nicht meine. Meine Axt war noch besser."

Erzähler: Zum dritten Mal sprang der Alte ins Wasser und tauchte mit einer goldenen Axt auf.

Reicher: „Das ist meine! Schon von weitem erkenne ich sie wieder. Gib sie schnell her!"

Alter: „Vielleicht hast du dich geirrt? Dort auf dem Grunde liegt noch eine andere Axt, eine diamantene, vielleicht ist das deine?"

Reicher: „Ach, ja wirklich, ich irrte mich! Die goldene Axt leuchtete so in der Sonne, dass es mir schien, als wäre es die diamantene."

Erzähler: Der Alte schüttelte den Bart und verschwand im Wasser.
Er nahm alle drei Äxte mit sich, und bis jetzt ist er nicht zum Ufer zurückgekehrt.

Litauisches Märchen

✣ 1. Lest den Text in verteilten Rollen. Wenn ihr das Märchen spielen wollt, überlegt: Wie viele Personen spielen mit? Welche Gegenstände benötigt ihr? Wie könnt ihr den Text des Erzählers in Handlungen umsetzen?

2. Vergleiche dieses Märchen mit dem Märchen von „Frau Holle". Was ist gleich? Was ist anders? Nutze die Illustrationen auf S. 53.

Märchen-Basteleien

Es war einmal

- ein herzensgutes Mädchen.
- ein altes, braves Mütterchen.
- ein lustiges, gackerndes Hühnchen.
- ein junges, schönes Knäblein.

Obwohl es sehr arm war, lebte es zufrieden

- in einer verfallenen Hütte am See.
- in einer Höhle tief im Wald.
- in einem alten Hühnerstall.
- in einem kleinen Häuschen inmitten eines verwunschenen Gartens.

Alle mochten es gerne, denn

- es war stets freundlich und hatte für jedermann ein liebes Wort.
- es war so sanft und warmherzig.
- es gab immer einen lustigen Spruch zum Besten.
- es wusste immer einen guten Rat.

Eines Tages fand es auf der Erde, im Schmutz liegend,

- ein funkelndes Ringlein.
- ein glänzendes Steinchen.
- ein stumpfes Stück Eisen.
- eine zerbrochene Spiegelscheibe.

Es rieb daran, wollte es säubern, da verwandelte sich das verwunschene Fundstück plötzlich

- in einen zauberhaften Prinzen.
- in einen friedlichen Drachenkönig.
- in einen tapferen Schneider.
- in einen freundlichen Riesen.

Der … schenkte seinem Retter

- ein kleines Waldschloss.
- einen Sack Goldstücke.
- eine Hühnerfarm.
- einen Zauberstab.

Er sagte dankbar:

- Du hast mich nach 100 Jahren erlöst.
  Ich werde dich mit Gold und Edelsteinen überschütten.
- Du sollst in meinem Schloss wohnen und einen Ehrenplatz erhalten.
- Du hast drei Wünsche frei. Ich werde dir alle erfüllen.
- Du hast mich errettet. Dafür schenke ich dir diese Flasche.
  Sie enthält das Wasser des Lebens.

Und wenn sie nicht gestorben sind,

- dann leben sie noch heute.
- freuen sie sich noch jeden Tag.
- leben sie glücklich und zufrieden.
- haben sie noch viele Abenteuer erlebt.

✤ 1. Stelle dir ein Märchen zusammen. Lest euch eure Märchen vor.
Ihr werdet staunen, was alles zusammenpasst.

2. Denk dir noch mehr aus und schreibe nun dein Märchen auf.

Die Brüder Grimm

Früher gab es noch kein Radio oder Fernsehen. Um sich an langen Winterabenden zu unterhalten, haben sich die Menschen Geschichten erzählt. Die Brüder Jacob und Wilhelm Grimm begannen vor mehr als hundertfünfzig Jahren damit, diese Geschichten zu sammeln. In ihrem Buch „Kinder- und Hausmärchen" haben sie alle Märchen so aufgeschrieben, wie sie seit langer Zeit mündlich weitergegeben worden sind.

Der Froschkönig

In den alten Zeiten, wo das Wünschen noch geholfen hat, lebte ein König, dessen Töchter waren alle schön, aber die jüngste war so schön, dass die Sonne selber, die schon so vieles gesehen hat, sich verwunderte, sooft sie ihr ins Gesicht schien.

Nahe bei dem Schlosse des Königs lag ein großer dunkler Wald, und in dem Walde unter einer alten Linde war ein Brunnen; wenn nun der Tag recht heiß war, so ging das Königskind hinaus in den Wald und setzte sich an den Rand des kühlen Brunnens; und wenn sie Langeweile hatte, so nahm sie eine goldene Kugel, warf sie in die Höhe und fing sie wieder; und das war ihr liebstes Spielwerk.
Nun trug es sich einmal zu, dass die goldene Kugel der Königstochter nicht in ihr Händchen fiel, das sie in die Höhe gehalten hatte, sondern vorbei auf die Erde schlug und geradezu ins Wasser hineinrollte.

Die Königstochter folgte ihr mit den Augen nach, aber die Kugel verschwand, und der Brunnen war tief, so tief, dass man keinen Grund sah. Da fing sie an zu weinen und weinte immer lauter und konnte sich gar nicht trösten. Und wie sie so klagte, rief ihr jemand zu: „Was hast du vor, Königstochter, du schreist ja, dass sich ein Stein erbarmen möchte." Sie sah sich um, woher die Stimme käme, da erblickte sie einen Frosch, der seinen dicken, hässlichen Kopf aus dem Wasser streckte. „Ach, du bist 's, alter Wasserpantscher", sagte sie, „ich weine über meine goldene Kugel, die mir in den Brunnen hinabgefallen ist." – „Sei still und weine nicht", antwortete der Frosch, „ich kann wohl Rat schaffen, aber was gibst du mir, wenn ich dein Spielwerk wieder heraufhole?" – „Was du haben willst, lieber Frosch", sagte sie.

Der Frosch antwortete: „Deine Kleider, deine Perlen und Edelsteine und deine goldene Krone, die mag ich nicht; aber wenn du mich liebhaben willst und ich soll dein Geselle und Spielkamerad sein, an deinem Tischlein neben dir sitzen, von deinem goldenen Tellerlein essen, aus deinem Becherlein trinken, in deinem Bettlein schlafen; wenn du mir das versprichst, so will ich hinuntersteigen und dir die goldene Kugel wieder heraufholen." – „Ach ja", sagte sie, „ich verspreche dir alles, was du willst, wenn du mir nur die Kugel wiederbringst." Sie dachte aber: „Was der einfältige Frosch schwätzt, der sitzt im Wasser bei seinesgleichen und quakt und kann keines Menschen Geselle sein." Der Frosch, als er die Zusage erhalten hatte, tauchte seinen Kopf unter, sank hinab, und über ein Weilchen kam er wieder heraufgerudert, hatte die Kugel im Maul und warf sie ins Gras.

Die Königstochter war voll Freude, als sie ihr schönes Spielwerk wieder erblickte, hob es auf und sprang damit fort. „Warte, warte", rief der Frosch, „nimm mich mit, ich kann nicht so laufen wie du." Aber was half ihm, dass er ihr sein „Quak, Quak" so laut nachschrie, als er konnte! Sie hörte nicht darauf, eilte nach Haus und hatte bald den armen Frosch vergessen, der wieder in seinen Brunnen hinabsteigen musste.

Am andern Tage, als sie mit dem König und allen Hofleuten sich zur Tafel gesetzt hatte und von ihrem goldenen Tellerlein aß, da kam, plitsch-platsch, plitsch-platsch, etwas die Marmortreppe heraufgekrochen, und als es oben angelangt war, klopfte es an der Tür und rief: „Königstochter, jüngste, mach mir auf." Sie lief und wollte sehen, wer draußen wäre, als sie aber aufmachte, so saß der Frosch davor. Da warf sie die Tür hastig zu, setzte sich wieder an den Tisch, und war ihr ganz angst. Der König sah wohl, dass ihr das Herz gewaltig klopfte, und sprach: „Mein Kind, was fürchtest du dich, steht etwa ein Riese vor der Tür und will dich holen?" – „Ach nein", antwortete sie, „es ist kein Riese, sondern ein garstiger Frosch." – „Was will der Frosch von dir?" – „Ach, lieber Vater, als ich gestern im Wald bei dem Brunnen saß und spielte, da fiel meine goldene Kugel ins Wasser. Und weil ich so weinte, hat sie der Frosch wieder heraufgeholt, und weil er es durchaus verlangte, so versprach ich ihm, er sollte mein Geselle werden, ich dachte aber nimmermehr, dass er

aus seinem Wasser herauskönnte. Nun ist er draußen und will zu mir herein.“ Indem klopfte es zum zweiten Mal und rief: „Königstochter, jüngste, mach mir auf, weißt du nicht, was gestern du zu mir gesagt bei dem kühlen Brunnenwasser? Königstochter, jüngste, mach mir auf.“

Da sagte der König: „Was du versprochen hast, das musst du auch halten; geh nur und mach ihm auf.“ Sie ging und öffnete die Türe, da hüpfte der Frosch herein, ihr immer auf dem Fuße nach, bis zu ihrem Stuhl. Da saß er und rief: „Heb mich herauf zu dir.“

Sie zauderte, bis es endlich der König befahl. Als der Frosch erst auf dem Stuhl war, wollte er auf den Tisch, und als er da saß, sprach er: „Nun schieb mir dein goldenes Tellerlein näher, damit wir zusammen essen.“ Das tat sie zwar, aber man sah wohl, dass sie ’s nicht gerne tat. Der Frosch ließ sich ’s gut schmecken, aber ihr blieb fast jedes Bisslein im Halse.

Endlich sprach er: „Ich habe mich satt gegessen und bin müde, nun trag mich in dein Kämmerlein und mach dein seiden Bettlein zurecht, da wollen wir uns schlafen legen.“ Die Königstochter fing an zu weinen und fürchtete sich vor dem kalten Frosch, den sie sich nicht anzurühren getraute und der nun in ihrem schönen, reinen Bettlein schlafen sollte. Der König aber ward zornig und sprach: „Wer dir geholfen hat, als du in Not warst, den sollst du hernach nicht verachten.“ Da packte sie ihn mit zwei Fingern, trug ihn hinauf und setzte ihn in eine Ecke. Als sie aber im Bett lag, kam er gekrochen und sprach: „Ich bin müde, ich will schlafen so gut wie du; heb mich herauf, oder ich sag ’s deinem Vater.“

Da ward sie erst bitterböse, holte ihn herauf und warf ihn aus allen Kräften wider die Wand: „Nun wirst du Ruhe haben, du garstiger Frosch.“ Als er aber herabfiel, war er kein Frosch, sondern ein Königssohn mit schönen und freundlichen Augen. Der war nun nach ihres Vaters Willen ihr lieber Geselle und Gemahl.

Brüder Grimm

✣ Erzähle das Märchen nach. Die Illustrationen am Rand helfen dir.

Märchenhafte Ideen

Märchenmuseum

Gestaltet zu den Märchen
dieses Kapitels
eine solche Märchenausstellung.
Beschriftet die Gegenstände.

Märchensteckbriefe

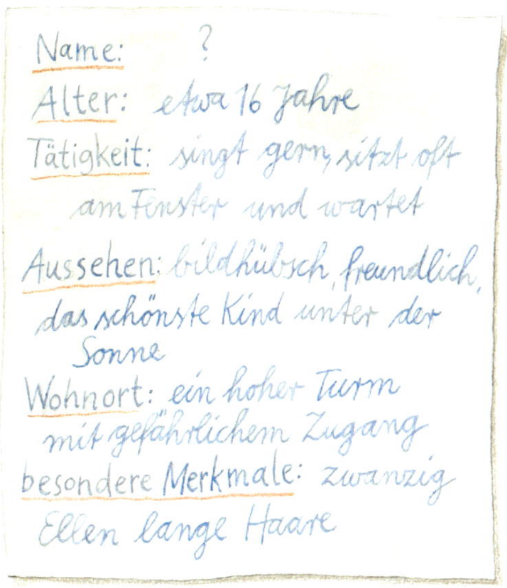

Wähle dir eine Märchenfigur aus,
die dir gut gefällt.
Schreibe einen Steckbrief
über wichtige Merkmale und
Besonderheiten dieser Figur.
Der Steckbrief fällt dir leichter,
wenn du vorher das Märchen
noch einmal liest.
Aber – verrate nicht alles.
Es soll nicht zu leicht sein.
Du kannst in Stichpunkten schreiben.

Märchenmemory

Schreibe mit deinem Partner Reime und Sprüche aus Märchen,
die ihr gelesen habt, auf kleine Karteikarten – etwa 8.
Notiert die dazugehörigen Märchentitel auf 8 andere Kärtchen.
Setzt euch mit einem anderen Paar zusammen und spielt
gemeinsam.

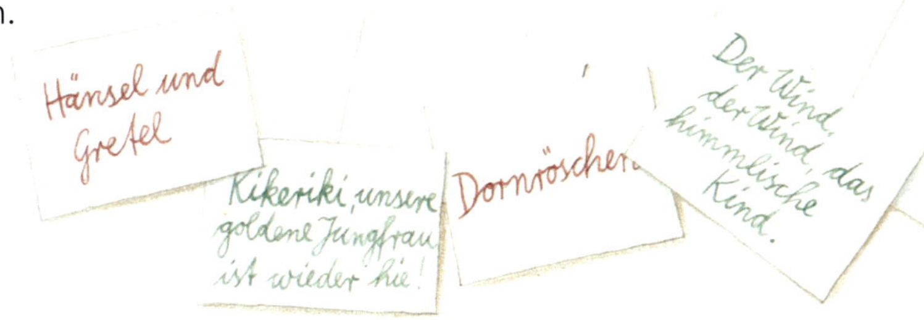

Das Jul-Fest der Trolle

Es war einmal ein Mann, der lebte in Finnmark, das liegt hoch im Norden von Norwegen. Dieser Mann hatte einen großen Eisbären gefangen und wollte ihn dem König bringen. Doch der König wohnt im Süden des Landes, und der Weg dahin ist weit. Der Mann machte sich also auf. Als er zum Dovreberg kam, war es schon Weihnachtszeit geworden.

Da sah er an einem kalten Winterabend in einer Hütte Licht brennen. Die Hütte gehörte Halvor. Er klopfte an und bat um ein Nachtlager für sich und seinen weißen Bären.

„Gott bewahre, wie soll ich heute jemandem Unterkunft geben“, rief Halvor. „Weißt du denn nicht, dass wir Jul-Abend haben? Am Jul-Abend kommen schon viele Trolle hierher zum Dovreberg, die muss ich festlich bewirten, sonst machen sie mir im nächsten Jahr Ärger. Heute Nacht habe ich selber kein Dach über dem Kopf, denn wenn die Trolle herkommen, ziehe ich mit den Meinen in den Wald.“

„Oh, du kannst mich ruhig beherbergen. Ich fürchte mich nicht vor den Trollen. Mein Bär kann hinter dem Ofen liegen, und für mich ist das kleinste Kämmerchen gut genug. Morgen ziehe ich früh weiter.“

Der Mann mit dem weißen Bären redete so lange auf Halvor ein, bis dieser einwilligte und ihn hineinließ. Halvor aber zog mit seiner Familie in den Wald.

Für die Trolle hatte er den Tisch wie für einen Festschmaus gedeckt: Da standen Elch-Wurst und Rentier-Schinken, Stör und Stockfisch, Jul-Grütze mit geschmolzener Butter, Multebeeren-Kompott mit süßer Sahne und alles, was sonst noch zu einem herrlichen Jul-Schmaus gehört.

Es dauerte nicht lange, da kamen schon die Trolle. Einige waren groß und andere klein. Einige waren dickbäuchig, andere dünnbeinig. Einige hatten Nasen, lang wie Besenstiele, und alle hatten sie einen Schwanz. Sie aßen und tranken und waren guter Dinge.

Plötzlich entdeckte eines der Trollkinder den weißen Bären, der hinter dem Ofen lag. Es nahm ein Stück Wurst, steckte es auf eine Gabel und briet es über dem Feuer. Dann schwänzelte es durch die Stube und hielt die heiße Wurst so dicht unter die Nase des Bären, dass es ihn brannte. „Katze, willst du Wurst?“, rief es. Brummend erhob sich der Bär, gab dem Trollkind einen Hieb mit der Tatze und jagte das ganze Gesindel hinaus: Die großen und die kleinen Trolle, die dicken und die dünnen, die langnasigen und die stumpfnasigen, die mit den großen Schwänzen und die mit den Stummelschwänzen. Fort sind sie.

Im Jahr darauf, es war fast auf den Tag genau ein Jahr später, ging Halvor vor dem Jul-Abend in den Wald hinaus. Er wollte Holz für den Kaminofen sammeln, denn zum Jul-Fest erwartete er wieder wie jedes Jahr die Trolle. Als er beim Holzhacken war, hörte er eine Stimme im Wald rufen: „Halvor! Halvor! Halvor!“

„Ja, was ist denn?“ – „Hast du deine große weiße Katze noch?“

„Ja“, schwindelte Halvor, „die liegt zu Hause hinter dem Ofen. Und sie hat Junge bekommen, fünf Stück, die sind schon wilder als sie selbst.“

„Dann kommen wir niemals wieder zu dir“, rief der Troll aus dem Wald.

Und seitdem verzichten die Trolle auf Halvors Jul-Schmaus, und Halvor kann am Weihnachtsabend mit seiner Familie alles selbst aufessen: Die Elch-Wurst und den Rentier-Schinken, den Stör und den Stockfisch, das Multebeeren-Kompott und die Jul-Grütze mit der geschmolzenen Butter.

Ich weiß das alles ganz genau, denn ich war selbst einmal beim Dovreberg zu Gast geladen. Da haben mir die Urururenkel von Halvor diese Geschichte erzählt, und sie haben mir auch das Rezept von der guten Jul-Grütze mitgegeben.

Norwegisches Märchen

✣ Diesen oder einen anderen Text des Winter- oder Märchenkapitels könnt ihr auf Kassette aufnehmen. Teilt den Text dazu in Abschnitte ein und verteilt diese zum Üben in der Klasse. Fügt an passenden Stellen Geräusche und Musik hinzu. Zeichnet dann zu eurem Abschnitt ein Bild.
Wenn ihr die Bilder auf Folien oder auf das Glas eines Dias malt, könnt ihr dazu ein Bilderbuchkino gestalten. Vielleicht führt ihr es als Überraschung zur Weihnachtsfeier der 1. Klasse oder zu einem weihnachtlichen Elternabend auf.

Am Schneesee

Es war einmal ein See, der war immer voll Schnee,
darum nannten ihn alle Leute nur Schneesee.
Um diesen Schneesee wuchs Klee, der Schneeseeklee,
der wuchs rot und grün, und darin äste ein Reh,
das Schneeseekleereh, und dieses Schneeseekleereh
wurde von einer Fee geliebt, die fast so schön war
wie Scheherezade, der überaus anmutigen Schneeseekleerehfee.

Diese Fee hatte, wie alle Feen dieser Gegend, sechsundsechzig Zehen,
fünfundsechzig zum Gehen und einen zum Drehen, und dieser
sechsundsechzigste Zeh war natürlich der Schneeseekleerehfeedrehzeh.
Zehendrehen macht schrecklich Spaß, doch einmal drehte die Fee
im Übermut ihren Zeh zu sehr, und da tat der Drehzeh schrecklich weh.
Zum Glück wohnte am Schneesee eine weise Frau. Die weise Frau,
eine Heckenhexe mit zwei schrecklichen Hackenhaxen, hockte gerade
vor einer Hucke Kräuter, als die kleine Fee gehumpelt kam.

„Guten Tag, beste Heckenhexe mit den Hackenhaxen!“ –
„Guten Tag, nette Schneeseekleerehfee mit den sechsundsechzig Zehen!
Doch was seh ich: Du humpelst? Was hast du denn?“ –
„Schneeseekleerehfeezehweh!“ –
„Gehzehweh oder Drehzehweh?“ –
„Drehzehweh!“ –
„Dann ist es nicht schlimm:
Gehzehweh ist zäh und hält sich,
doch Drehzehweh kommt und vergeht jäh –
und wodurch vergeht es?
Natürlich durch der Heckenhexe herrlichsten Tee,
den hellgelben Schnee-see-klee-reh-fee-dreh-zeh-weh-tee!

Und einen solchen hellgelben Schneeseekleerehfeedrehzehwehtee
werde ich dir jetzt brauen."
Die Heckenhexe mit den Hackenhaxen nahm Blätter
von sieben mal sieben Bäumen und Blüten
aus sieben mal sieben Träumen und
brachte sie mit Milch aus sieben Eutern und
Wurzeln von sieben Kräutern zum Schäumen,
und als der Sud sich abgeklärt hatte, wallte im Kessel der hellgelbe Tee.
Na, wenn der nicht bitter schmeckte! –
„Trink das aus, nette Schneeseekleerehfee!" –
„Auf einen Zug, beste Heckenhexe?" –
„Auf einen Zug, nette Schneeseekleerehfee!"

Da trank die Schneeseekleerehfee auf einen Zug
den Schnee-see-klee-reh-fee-dreh-zeh-weh-tee-kessel aus,
und als der Schneeseekleerehfeedrehzehwehteekessel ausgetrunken war,
hatte der hellgelbe Schneeseekleerehfeedrehzehwehtee
das Schneeseekleerehfeedrehzehweh aus dem Schneeseekleerehfeedrehzeh
der Schneeseekleerehfee weggehext, und da stieß die glückliche Fee
ein lautes Juchhe aus, das rings durch alle Wälder schallte.

Franz Fühmann

✤ 1. Suche dir das Schneesee-Wort, das dir am besten gefällt. Übe es still für dich. Lies es dann ohne zu stocken vor.

2. Denk dir weitere Schlangenwörter aus. Überlege, welche Namen es noch für Kobolde, Hexen oder Feen geben könnte.

König Vogelfrei

Es war einmal ein König, der lebte in einem herrlichen Schloss. Er hatte Diener, die ihn im Park spazieren trugen. Sie lasen ihm jeden Wunsch von den Augen ab. Er musste sich nie besonders anstrengen. Er hatte jede Menge Gold und dachte sich immer neue Spiele aus. An schönen Tagen ging er im Schlosspark angeln. Wenn es regnete, wurde er im Palast verwöhnt. Das Leben im Schloss war wirklich sehr bequem. Jeden Abend gab es ein Fest mit so viel leckeren Sachen, dass sich die Tische bogen. Doch der König hatte keinen rechten Appetit. Auch die Gutenachtmusik mochte er schon nicht mehr hören. Überhaupt ging ihm alles schrecklich auf die Nerven. „Was soll das Leben mir noch Neues bringen?“, dachte er. „Ich habe doch schon alles! Ich bin der König!“ Er war der reichste, überdrüssigste und unglücklichste König der Welt.

Eines Morgens zwitscherte etwas auf dem Fenstersims. Der König lauschte verwundert. Ein kleiner grauer Vogel sang so wunderschön – nie im Leben hatte der König etwas ähnlich Zauberhaftes gehört. Der König ließ den kleinen Sänger auf der Stelle einfangen. Er setzte ihn in einen Käfig. Doch mit einem Mal war der Vogel mucksmäuschenstill. Der König ließ vom Hofjuwelier einen schöneren Käfig bauen, aus purem Gold, besetzt mit kostbaren Edelsteinen. Aber der Vogel wollte immer noch nicht singen. Von weit her holten die königlichen Diener das beste Vogelfutter, das sie finden konnten. Sogar der Hofnarr bot seine ganze Kunst auf, um den kleinen Sänger ein wenig aufzuheitern. Doch es war umsonst. Da verlor der König die Geduld. Mit Schwung schleuderte er den ungehorsamen Vogel aus dem Fenster. Kaum war der Vogel frei, fing er wieder an zu singen, so wunderschön wie nie zuvor. Der König dachte eine Weile nach. Und plötzlich war ihm klar, was er tun musste. Er packte seinen königlichen Rucksack und verschenkte sein ganzes Hab und Gut an die Dienerschaft. Dann verließ er singend sein Schloss. … und fühlte sich zum ersten Mal in seinem Leben richtig glücklich.

Erhard Dietl

✤ 1. Erzähle weiter. Was wird König Vogelfrei nun erleben?

2. Was kommt dir in diesem Märchen märchenhaft vor?

Im Winter

Der Winter

Die Pelzkappe voll mit schneeigen Tupfen,
behäng ich die Bäume mit hellem Kristall.
Ich bringe die Weihnacht und bringe den Schnupfen,
Silvester und Halsweh und Karneval.
Ich komme mit Schlitten aus Nord und Nord-Ost.
– Gestatten Sie: Winter. Mit Vornamen: Frost.

Mascha Kaléko

Raureif

Es kam zu uns ein stiller Herr,
der liebe Herr November.
War mancher da,
der lauter war,
den froher wir begrüßten.

Wir hatten ihm nichts zugetraut,
dem stillen Herrn November,
da zeigte sich, er konnte was,
er konnte das Verzaubern.
Er machte jeden Halm, den Wald,
den Stacheldraht, die Zäune,
er machte uns
die ganze Welt
zu einem Raureif-Märchen.

Josef Guggenmos

Silberschatz.
Alles ist versilbert.
Bäume im neuen Antlitz.
Die stolze Rose in all ihrer Pracht
an der glitzernden
funkelnden Hagebuttenhecke.
Ihre Blätter
mit einem sanftsilbrigen Rand
hauchzart umzogen.
Sonnenstrahlen
lassen Gräser
in zauberhaftem
silbrigen Weiß erscheinen.

Nicole

Im Glanz der Kälte

Die Natur
zieht im Winter
allen Blumen
ein prachtvolles
Silbergewand an.
Stoffe aus glänzendem Wasser.
Knöpfe aus gefrorenen Perlen.
Mützen aus
zartem Raureif.
Alles in eisigem Silberweiß.

Isabelle

Der Schatz im Garten

Unser Garten –
ein silberner Zauber.
Die Hagebutte –
mit Raureif überzogen.
Gelb-grüne Blätter –
zartweiß gefroren.
Die Hagebutte
in ihrer roten Pracht –
ein Feuerball
im Wintergarten.

Melanie

✤ 1. Welche Verszeilen wecken schöne Bilder bei dir und gefallen dir besonders?

2. Schreibe auch ein Winter- oder Raureifgedicht. Es kann auch ein Elfchen sein. Überlege, was du siehst, spürst, hörst, empfindest.

Wenn es Winter wird

Der See hat eine Haut bekommen,
sodass man fast drauf gehen kann,
und kommt ein großer Fisch geschwommen,
so stößt er mit der Nase an.

Und nimmst du einen Kieselstein
und wirfst ihn drauf, so macht es klirr
und titscher – titscher – titscher – dirr …
Heißa, du lustiger Kieselstein!
Er zwitschert wie ein Vögelein
und tut als wie ein Schwälblein fliegen –
doch endlich bleibt mein Kieselstein
ganz weit, ganz weit auf dem See draußen liegen.

Da kommen die Fische haufenweis
und schaun durch das klare Fenster von Eis
und denken, der Stein wär etwas zum Essen;
doch so sehr sie die Nase ans Eis auch pressen,
das Eis ist zu dick, das Eis ist zu alt,
sie machen sich nur die Nasen kalt.

Aber bald, aber bald
werden wir selbst auf eignen Sohlen
hinausgehn können und den Stein wieder holen.

Christian Morgenstern

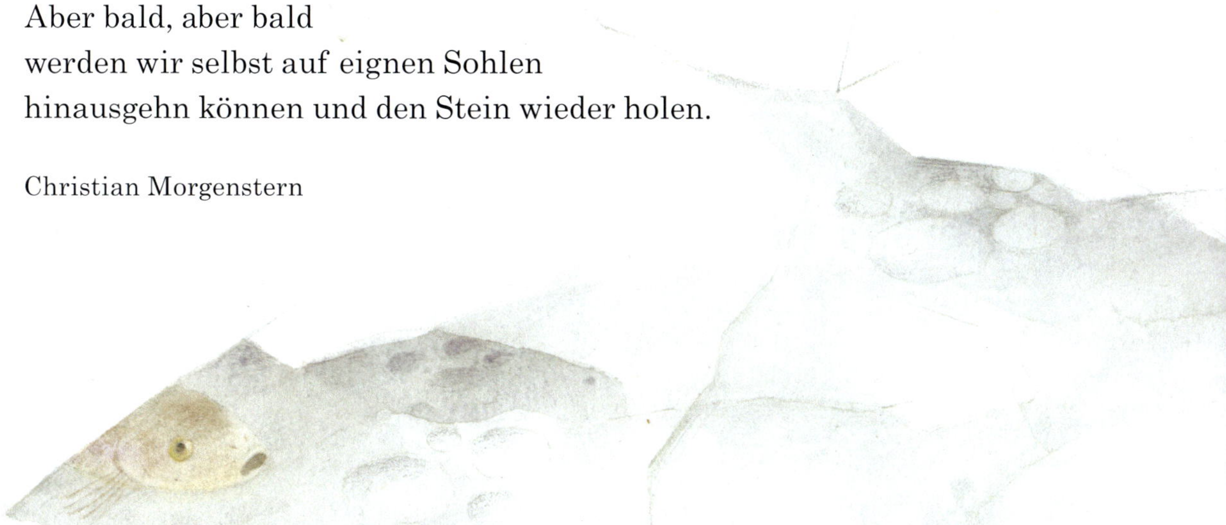

✜ Welche Geräusche hat Christian Morgenstern in Sprache umgesetzt?
Versuche so zu sprechen, dass man die Geräusche gut heraushören kann.

Winterliche Eigenheiten

1. Der Winter ist die Zeit für Schnee und Frost. Sinkt die Temperatur unter null Grad, friert Wasser zu Eis. In nördlichen Ländern sind Seen und Flüsse oft wochenlang von Eis bedeckt. Bei uns konnte man das im Jahre 1997 im Spreewald beobachten.

2. Die Zweige der meisten Laubbäume sind im Winter kahl. Dann könnt ihr die verschiedenen Formen der Bäume sowie die Ausrichtung und Gabelung ihrer Zweige miteinander vergleichen.

3. Immergrüne Bäume verlieren im Winter ihre Blätter nicht. Viele von ihnen haben sehr widerstandsfähige schmale, glänzende Blätter oder Nadeln, denen der Frost nichts anhaben kann und deren Zweige unter der Last des Schnees nicht brechen.

4. Misteln wachsen meist auf Pappeln, Linden, Weiden und Weißdorn. Wenn die Bäume kahl sind, könnt ihr die Mistelgewächse gut erkennen. Ihre weißen Beeren werden von den Vögeln gefressen.

✣ 1. Lies genau und prüfe, welches Foto zu welchem Sachtext passt.

2. Was hast du schon im Winter beobachtet? Suche ein passendes Foto und schreibe einen kleinen Text dazu. Sammelt eure Seiten für ein Winterbuch.

Dezemberkalender

Adventskalenderanfangtag
Wunschzettelschreibtag
Wachskerzengießtag
Kirschblütenzweigtag
Fenstersternefalttag
Schuhvordertürtag
Bratapfeltag
Geschenkeeinkauftag
Strohsternklebetag
Geschenkebasteltag
Weihnachtspäckchenabschicktag
Plätzchenausstechtag
Lichterkronentag
Weihnachtsgrüßeschreibtag
Tannenbaumkauftag
Wichteltag
Rosinenstollenknettag
Weihnachtsgedichtlerntag
Geschenkeeinwickeltag
Flötenstückeinübtag

Längstenachttag
Kinderzimmeraufräumtag
Riesigaufgeregtseintag
Christgeborentag
Frühammorgenspieltag
Verwandtenbesuchtag
Geschenkeumtauschtag
Wegweisersterntag
Dankeschönschreibtag
Kerzenausbrenntag
Knallbummblitzzischtag

Hartmut Kulick

✣ 1. Lies die Dezemberkalendertage vor, die du auch schon einmal erlebt hast. Zeichne ein kleines Bild dazu.

2. Kannst du manchen Tagen ein bestimmtes Datum zuordnen?

3. Überlege, ob es in eurer Familie noch andere solche Tage gibt. Schreibe ein eigenes Kalendergedicht auf.

Guten Abend, schön Abend

Guten Abend, schön Abend,
es weihnachtet schon.

Am Kranze die Lichter,
die leuchten so fein,
sie geben der Heimat
einen helllichten Schein.

Der Schnee fällt in Flocken,
und weiß steht der Wald.
Nun freut euch, ihr Kinder,
die Weihnacht kommt bald.

Nun singt es und klingt es
so lieblich und fein.
Wir singen die fröhliche
Weihnachtszeit ein.

Winterwunschnacht

Kalt ist 's,
der Atem dampft gegen die Laternen,
und über der Mütze
schnuppt ein Stern
quer in den Himmel.
Wünsch dir was.
Wünsch dir was,
was dir keiner von uns
erfüllen wird,
und behalte den Wunsch für dich,
damit er wachsen kann.
Und jetzt wünsch dir was,
was ich erfüllen kann;
und sag 's mir ins Ohr,
ich will dein Wunscherfüller sein.
Da schnuppt schon wieder einer
quer in den Himmel,
jetzt wünsch ich mir was.
Kalt ist 's,
der Atem dampft gegen die Laternen.

Fritz Deppert

✣ Der Autor Fritz Deppert hat an zwei Stellen ein ungewöhnliches Verb verwendet. Welches ist es? Was stellst du dir beim Lesen vor?

Adventskalender – selbst gestaltet

Ihr könnt auch einen Adventskalender für die Klasse basteln. Wie wäre es mit einem Weihnachtskalender voller Briefe mit Wünschen, die ihr euch gegenseitig erfüllen könnt?

Ihr braucht: farbiges Tonpapier, Schere, Band, Locher

So geht es:

1. Schneidet aus blauem oder schwarzem Tonpapier eine Doppelkarte aus, die am oberen Rand mit einem Weihnachtsmotiv verziert wird, zum Beispiel einem Tannenzweig oder Weihnachtsstern.

2. Locht nun jeweils die zusammengeklappte Karte links und rechts und bindet sie mit Schleifenband zu einem Briefumschlag zusammen.

3. Denkt euch nun jeder einen Wunsch aus, den jemand aus der Klasse erfüllen kann. Schreibt ihn auf ein schönes Blatt und steckt ihn in einen Umschlag.

4. In der Adventszeit öffnet jeweils ein Kind eurer Klasse den Kalenderbrief. Es kann sehr spannend sein, die unterschiedlichen Wünsche zu lesen und zu erfüllen.

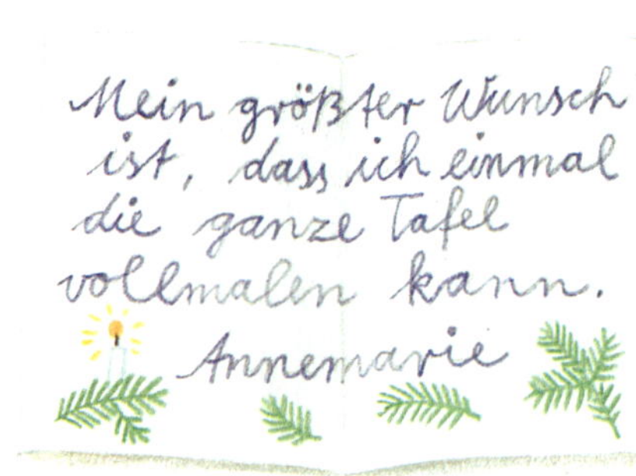

Legende vom Nikolaus

Am 6. Dezember ist Nikolaustag. Der Brauch, bei dem Nikolaus seine Gaben in die bereitgestellten Schuhe der Kinder legt, ist seit etwa 500 Jahren bekannt. Doch wer war der Nikolaus in Wirklichkeit? Man erzählt sich dazu unterschiedliche Legenden. Ganz gleich, wie ein Nikolaus heute aussieht – ursprünglich hatte er die Gestalt eines Bischofs. Man weiß, dass der Ur-Nikolaus in der ersten Hälfte des vierten Jahrhunderts in der kleinasiatischen Stadt Myra Bischof war.

Eine Nikolauslegende erzählt Folgendes: Einst versperrten Seeräuber die Hafeneinfahrt der kleinen Stadt Myra.
Vor dem Hafen jedoch warteten große Getreideschiffe.
Sie konnten so ihre Ladung nicht löschen. Den Einwohnern von Myra drohte deshalb eine furchtbare Hungersnot.
Die Seeräuber forderten: „Füllt unsere Schiffe mit Gold, dann lassen wir eure Getreideschiffe in den Hafen, und ihr könnt sie entladen."
Die Bewohner von Myra suchten ihren gesamten Schmuck zusammen, aber er bedeckte noch nicht einmal den Boden des Piratenschiffes. Nun verlangten die Seeräuber: „Bringt uns für jedes fehlende Pfund eines eurer Kinder an Bord!" Und – obwohl jeder wusste, dass die Kinder als Sklaven verkauft werden sollten, riefen einige Bürger: „Bringt die Kinder zum Hafen! Wir wollen nicht alle verhungern!" Das hörte der Bischof Nikolaus und sorgte umgehend für Hilfe. Er opferte alle Goldschätze der Kirche und rettete so die Kinder. Die Seeräuber suchten mit ihrer fetten Beute schnell das Weite, und die Schiffe voll Getreide konnten endlich entladen werden. Noch heute erinnert der 6. Dezember an den Todestag des guten Bischofs Nikolaus von Myra.

✜ 1. Lies im Lexikon nach, was eine Legende ist.

2. Erkläre, wer Nikolaus ursprünglich war. Lies die passende Textstelle vor.

Knecht Ruprecht

Von drauß' vom Walde komm ich her;
ich muss euch sagen, es weihnachtet sehr!
Allüberall auf den Tannenspitzen
sah ich goldene Lichtlein sitzen;
und droben aus dem Himmelstor
sah mit großen Augen das Christkind hervor,
und wie ich so strolcht' durch
den finsteren Tann,
da rief 's mich mit heller Stimme an:
„Knecht Ruprecht", rief es, „alter Gesell,
hebe die Beine und spute dich schnell!
Die Kerzen fangen zu brennen an,
das Himmelstor ist aufgetan,
Alt' und Junge sollen nun
von der Jagd des Lebens einmal ruhn;
und morgen flieg ich hinab zur Erden,
denn es soll wieder Weihnachten werden!"
Ich sprach: „O lieber Herre Christ,
meine Reise fast zu Ende ist;
ich soll nur noch in diese Stadt,
wo 's eitel gute Kinder hat." –
„Hast' denn das Säcklein auch bei dir?"
Ich sprach: „Das Säcklein, das ist hier:
Denn Äpfel, Nuss und Mandelkern
essen fromme Kinder gern." –
„Hast' denn die Rute auch bei dir?"
Ich sprach: „Die Rute, die ist hier:
Doch für die Kinder nur, die schlechten,
die trifft sie auf den Teil, den rechten."
Christkindlein sprach: „So ist es recht.
So geh mit Gott, mein treuer Knecht!"
Von drauß' vom Walde komm ich her;
ich muss euch sagen, es weihnachtet sehr!
Nun sprecht, wie ich 's hierinnen find!
Sind 's gute Kind, sind 's böse Kind?

Theodor Storm

Nach dem Volksbrauch ist Knecht Ruprecht ein Begleiter des Nikolaus am Nikolausabend, bisweilen auch des Christkindes zum Weihnachtsfest. Er trägt warme Pelzkleidung, hat oft eine Rute und immer einen Sack Geschenke bei sich. Heute wird er meist mit dem Weihnachtsmann gleichgesetzt.

✣ Wenn dir dieses Gedicht gefällt, kannst du es auch am Weihnachtsabend zu Hause vorlesen oder sogar auswendig aufsagen.

MINI trifft den Weihnachtsmann

Mini lebt in Wien, der Hauptstadt von Österreich. So wie die Kinder hier bei uns zerbricht auch sie sich in der Vorweihnachtszeit den Kopf, was man den Lieben zu Hause schenken kann. Was macht man nur, wenn man plötzlich feststellt, dass man die falschen Geschenke gekauft hat? Dorli, die große Schwester von Minis Freundin Maxi, hat die rettende Idee:

Die Dorli holte ein Stück weißen Seidenstoff aus einer Schublade. Sie gab der Mini weiße Nähseide und eine Nähnadel. „Säum das Tuch rundherum ein!", sagte sie. „Das kann die Mini doch nicht!", rief die Maxi. „Nähen lernen wir erst in vier Jahren!" – „Dann machen wir einen Handel!", sagte die Dorli. „Ich näh den Saum, dafür räumt die Mini die Küche auf, O. K.?" Blitzblank putzten die Mini und die Maxi die Küche. Sogar die Spinnenweben holten sie mit dem Besen von der Decke. So lange schufteten sie, bis die Dorli alle vier Kanten vom Halstuch eingesäumt hatte. Und dann bemalte die Mini das Tuch mit Stofffarbe. Schöner hatte die Mini noch nie gemalt. Die Dorli hängte das bemalte Halstuch im Badezimmer auf die Wäscheleine. Zum ordentlichen Durchtrocknen. Zum Abschied sagte die Dorli: „Bis morgen denke ich mir etwas für deinen Papa und für deinen Bruder aus!"

Die Dorli hielt Wort! Am nächsten Nachmittag hatte sie einen guten Einfall für ein Papa-Geschenk. „Dein Papa bekommt eine schöne Mappe", sagte sie. „Darin kann er dann seine wichtigen Papiere aufheben!" Die schöne Mappe bastelte Mini aus einer alten Mappe von Dorli, einem Bogen Packpapier, einem Erdapfel, Plaka-Farben und einem Resterl farblosen Lack. Den Erdapfel schnitt sie in die Hälfte und schnitzte aus jeder Hälfte einen Stempel. Ein Herz. Und eine Blume. Dann strich sie Plaka-Farbe auf die Stempel und bedruckte mit denen das Packpapier. Über und über! Und dann beklebte sie die alte Mappe mit dem Packpapier. – Dabei half ihr die Dorli. Ganz einfach ist das nämlich nicht, große Flächen zu kleben. Da gibt es leicht Falten und Blasen. Zum Schluss pinselte die Dorli noch farblosen Lack auf die Mappe. Damit sie schön glänzte und „grifffest" wurde. An Plaka-Farben macht man sich ja leicht die Finger dreckig-bunt. Sehr zufrieden war die Mini mit der Mappe. Als die zum Trocknen an der Badezimmerleine hing, sagt sie stolz: „Viel schöner als ein Aschenbecher!"

Nun brauchte die Mini bloß noch ein Geschenk für Moritz. „Wie wär 's mit einer selbst gestrickten Mütze?", fragte die Dorli. Aber die Mini hatte noch nicht stricken gelernt. „Wie wär 's mit einem gehäkelten Schal?", fragte die Dorli. Aber häkeln konnte die Mini auch nicht. „Und wenn du ihm ein Foto von dir schenkst?", fragte die Dorli. „Und wir basteln einen hübschen Rahmen dazu?" Aber die Mini glaubte nicht, dass sich der Moritz über ein Foto von ihr freuen würde. „Ich hab 's!", rief die Maxi. „Mach ihm einen Schlüsselanhänger! Einen alten Schlüsselring haben wir! Und Knetmasse ist auch noch da!" Einen Super-Schlüsselmann kneteten die Mini und die Maxi. Der sah dem Moritz richtig ähnlich! Dann steckten sie den Schlüsselmann ins Backrohr und ließen ihn in der Hitze steinhart werden. Die Mini ließ das Halstuch, die Mappe und den Schlüsselanhänger bei der Maxi. „Ist besser so!", sagte sie. „Bin mir nämlich nicht sicher, ob der neugierige Moritz nicht meinen Schrank durchsucht!"

Christine Nöstlinger

✤ 1. Welche Geschenkidee von Mini gefällt dir? Lies den entsprechenden Abschnitt genau.

2. Schreibe alle Dinge heraus, die Mini für dieses Geschenk braucht. Versuche diese Wörter auf einen Blick zügig zu lesen.

3. Besorge dir dann diese Materialien. Gestalte nun dein Geschenk.

Silvester

Einen Tag noch hat das Jahr
vierundzwanzig lange Stunden.
Was gewesen ist, das …
Hab verloren, hab … .
Hab geweint und hab gelacht,
bin auch manchmal hingefallen,
aber heute, heute …
werden viele Böller … .
Böse Geister laufen fort.
Gute Geister bleiben da.
Und man wünscht an jedem …
sich ein frohes neues …

Jutta Richter

Marie-Christine

✣ Solch ein Feuerwerksbild kannst du bestimmt auch selbst gestalten.

Glücksboten für das neue Jahr

Hattest du heute morgen Glück? Dann könnte es daran liegen, dass dir am Morgen ein Schornsteinfeger begegnet ist. Angeblich sollen manche Dinge oder Lebewesen Glück bringen. Den Glauben an diese Art von Zauberei nennt man „Aberglaube". Er ist nicht mehr so verbreitet wie früher, aber es gibt ihn noch. Vielleicht beruhigt dich ein kleiner Glücksbringer bei Klassenarbeiten. Wenn du durch ihn das Gefühl hast „Das schaff ich sicher!", dann hat er seinen Zweck ja schon erfüllt.

Der Schuh vom Pferd

Findet man ein Hufeisen, so soll das Glück bringen. Liegt das daran, dass Hufeisen früher sehr teuer waren? Oder daran, dass Eisen als magisches Metall galt? Vielleicht ist der Grund auch, dass man ohne Hufeisen Pech hatte: Reiter mussten ihre Reise unterbrechen, wenn ihr Pferd ein Eisen verlor. Auch heute noch hängen sich viele Menschen Hufeisen an die Wand – mit der geschlossenen Seite nach unten, damit das Glück nicht herausfällt.

Vierblättriger Klee

… gilt als Glücksbringer. Angeblich macht er sogar hellsichtig. Wer ihn um Mitternacht findet, wird reich. Ein vierblättriges Kleeblatt im Haus soll vor Blitzschlag schützen. Fünf- oder sechsblättriger Klee wiederum soll Unglück bringen.

Das Glücksschwein

Zu Neujahr werden oft Schweine aus Marzipan an Freunde verschenkt, damit die folgenden Monate glücklich verlaufen. Wer in China im Zeichen des Schweins geboren ist, gilt als vom Glück geküsst. Früher gab es nur wenig Fleisch zu essen. Jemand, der ein Schwein besaß, war reich.

✤ Kennst du noch andere Glücksboten?
Forme einen der Glücksboten aus Modelliermasse.
Bemale und verschenke ihn an einen lieben Menschen.

Lied der Eiszapfen

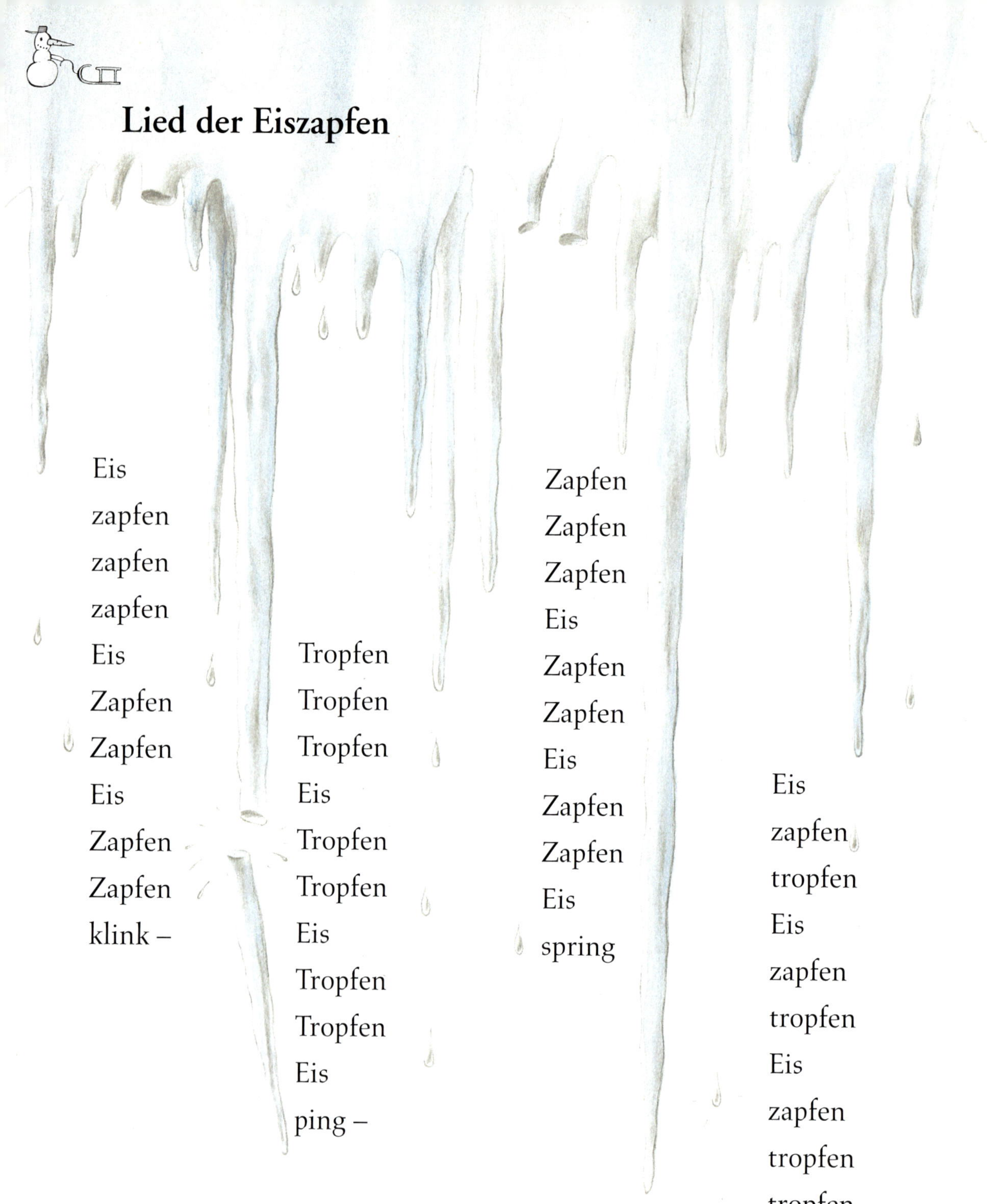

Eis
zapfen
zapfen
zapfen
Eis
Zapfen
Zapfen
Eis
Zapfen
Zapfen
klink –

Tropfen
Tropfen
Tropfen
Eis
Tropfen
Tropfen
Eis
Tropfen
Tropfen
Eis
ping –

Zapfen
Zapfen
Zapfen
Eis
Zapfen
Zapfen
Eis
Zapfen
Zapfen
Eis
spring

Eis
zapfen
tropfen
Eis
zapfen
tropfen
Eis
zapfen
tropfen
tropfen
tropfen
Tropfen
blink …

Friedl Hofbauer

Was mir gut tut

Sich regen
bringt Segen.
Spricht aber auch nichts dagegen,
sich auf die faule Haut zu legen.

Christine Nöstlinger

So im Schatten liegen möchte ich

So im Schatten liegen möchte ich
und den Vögeln zusehen,
wie sie mit dem Wind ihre
Pfeilspiele treiben.
In die weißen Wolken schaun
und sie bei ihren
Verwandlungskünsten ertappen.

So im Schatten liegen möchte ich
und eine Raupe bei ihrem
Mittagessen betrachten
und ihre Borsten zählen.
Die zitternden Grashalme ansehn
und beobachten,
wie sie ihre Samen fallen lassen.

So im Schatten liegen möchte ich
und spüren,
wie mir die Sonne
an den Beinen hochklettert.
Zusehn,
wie sich die Katze
gründlich wäscht,
und versuchen,
ob ich aus ihrer Sicht
die Welt betrachten kann.

Erwin Moser

So im Schatten liegen möchte ich und …

Einfach alles

Ich möcht ein Sack voll Blödsinn sein,
möcht tagelang nur lachen
und kreuz und quer
und vorneweg
und hinterdrein
die tollsten Sprünge machen.

Ich möcht ein Baum im Walde sein
und sanft im Wind mich wiegen,
und mutig und voll Lust
stets neue Blätter kriegen.

Ich möchte einfach alles sein,
möcht stille stehn
und springen.
Und wenn ich einmal traurig bin,
hört ihr mich leise singen.

Klaus Kordon

Was gemütlich ist

In einem Zelt sitzen,
wenn es draußen regnet.
Abends im Bett liegen und von ferne hören,
wie sich die Eltern unterhalten.
Ein bisschen krank sein, und die Mutter
bringt einem das Frühstück.
Krank sein und was mitgebracht kriegen.
Im Winter von draußen in ein warmes Zimmer kommen.
Mit jemandem im Bett liegen.
Wenn alle im Zimmer sind und sich nicht zanken.
Im Sommer unter einem Baum liegen
und die Fliegen summen.
Auf dem Klo sitzen und Mickymaus-Hefte lesen.
Im dunklen Zimmer liegen, wenn noch alle andern auf sind,
und durch den Türspalt das Flurlicht sehen.

Roswitha Fröhlich

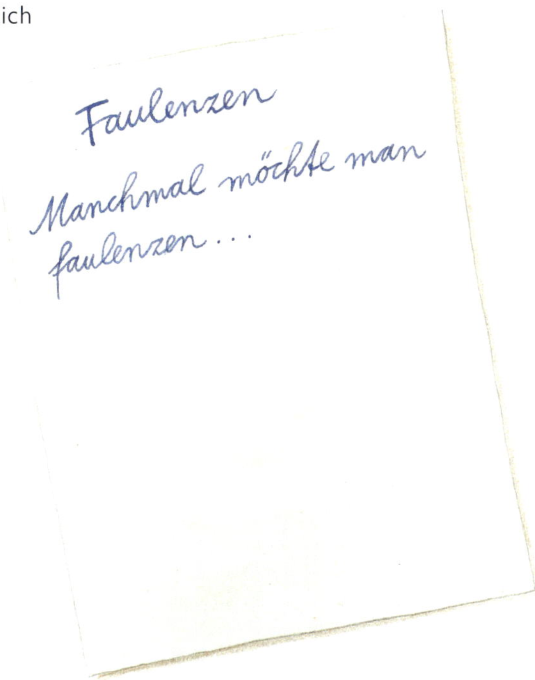

Faulenzen

Manchmal möchte
man
faulenzen
wie ein
Gulli im
Sonnenschein
wie ein
Rasenmäher
im Winter
wie eine
Nachttischlampe
am Tag.

Josef Reding

✤ Wähle dir ein Gedicht von Seite 82 oder 83 aus,
zu dem du deinen eigenen Text schreiben möchtest.
Nutze die Überschriften oder Textanfänge.

Ein Lächeln für Zacharias

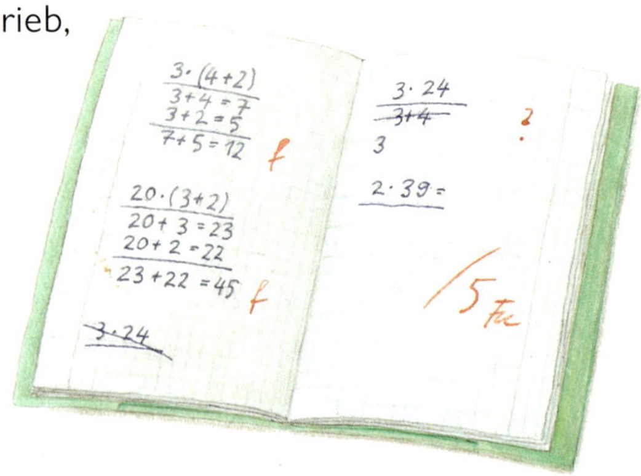

Bevor Zacharias die Fünf in Mathematik schrieb, wusste er nicht, dass man auf zweierlei Art hungrig sein kann.
Einmal kommt der Hunger vom Magen; ihn stillt man mit Brot.
Der andere nagt im Herzen; ihm muss man von Zeit zu Zeit ein Lächeln widmen, dann gibt er sich zufrieden.
Wenn man freilich eine Fünf geschrieben hat, dann aber könnte man das Lächeln der ganzen Welt gebrauchen. Zacharias aber bekam überhaupt keins mehr. Weder von der Mutter, die ihm sonst immer eins daließ, ehe sie früh zur Arbeit ging. Noch vom Vater, der ihn gewöhnlich in die Seite knuffte, wenn er von der Schicht kam, und „Na, Alter!“, sagte. Auch nicht von Frau Sengewald, der Lehrerin, die immer lächelte, wenn sich jemand beim Lösen einer kniffligen Aufgabe auf die Zunge biss. Schon gar nicht von der Banknachbarin Anke; sie betrachtete Fünfen als großes Unglück.

In seiner Not lief Zacharias auf die Straße. „Lächle!“, bat er die Sonne. „Entweder für alle oder für keinen“, antwortete sie. Sie hatte den ganzen Sommer über gelächelt und war nun froh, eine erste Herbstwolke vorziehen zu können.

Zacharias trat zu dem Kastanienbaum inmitten des Häusergevierts. „Lächle!“ – „Ich habe nichts zu lachen“, sagte der Baum, „ich bin alt und trage allein das ganze Grün der Gegend.“ Er raschelte mit herbstmüden Blättern.

Zacharias blickte hoch zu dem großen Haus. „Lächle!“ Das Haus schwieg verlegen. Es hatte viele Fenster, die sich alle glichen, wenn ihnen der Widerstand der Sonne und des Blattgrüns fehlten. Mit welchem sollte es lächeln?
Traurig ging Zacharias heim.

Die Mutter lächelte ihm zu. „Komm“, sagt sie, „wir wollen tüchtig üben.“ Zacharias prüfte das Lächeln. Da es ihn nicht sättigte, verspürte er keine Lust zum Üben. Der Vater knuffte ihn in die Seite. „Na, Alter, wie viel ist sieben mal sieben?“ Er lächelte in Erwartung von Zacharias’ Antwort. Als sie ausblieb, verschwand es, bevor sich Zacharias sättigen konnte. Frau Sengewald holte ihn an die Tafel und ließ ihn eine leichte Aufgabe rechnen. Sie lächelte und sagte: „Sehr schön, Zacharias.“ Zacharias schlich beschämt auf seinen Platz. Da schob ihm Anke einen Zettel zu. „Ich helfe dir“, stand dort geschrieben. Zur Bekräftigung war in die rechte obere Ecke ein Mondgesicht mit einem breit lächelnden Mund gemalt. Wenn man den Zettel freilich umdrehte, dann weinte das Gesicht. Zacharias zerknüllte ihn und warf ihn weg.

Schließlich versuchte es Zacharias mit Kuchen und Torte. Als er nichts mehr in sich hineinstopfen konnte, holte er das Rad aus dem Keller und fuhr an den Stadtrand. Dort wohnte der Großvater. Er stand am Gartenzaun und sah Zacharias lächelnd entgegen. „Ich habe eine Fünf“, sagte Zacharias. Der Großvater lächelte. „Eine dicke Fünf“, setzte Zacharias hinzu, Der Großvater lächelte. „In Mathematik!“, sagte Zacharias. „Das ist doch wirklich nicht zum Lachen!“ Der Großvater lächelte und antwortete: „Neuerdings hör ich nicht mehr alles. Aber ich freu mich, dass du da bist.“ Da trank sich Zacharias an Großvaters Lächeln satt. Als er heimkam, verspürte er neben einem herzhaften Hunger nach Brot auch so eine Art Appetit auf Mathematik.

Joachim Nowotny

✤ 1. Lies deine Lieblingsstelle vor. Begründe.

2. Überlege, warum das Lächeln vom Großvater besonders wichtig für Zacharias ist. Hast du schon Ähnliches erlebt? Erzähle.

Ich hab was für dich

Bist du traurig? Hast du Sorgen?
Soll ich dir mein Lächeln borgen?
Nimm es nur und nütz es gut,
dass es seine Wirkung tut.
Hilft es dir und bringt 's dir Glück:
gib 's mir irgendwann zurück.

Wolf Harranth

Liebkoselied

Schenk mir ein Liebkosewort,
dann fliegen meine Sorgen fort,
die großen und die kleinen,
dann muss ich nicht mehr weinen
und freue mich den ganzen Tag,
dass mich jemand gerne mag.

Monika Ehrhardt

Trost-Tipp aus Guatemala

In Guatemala besitzen fast alle Kinder solche kleinen Sorgenpüppchen. Oft haben sie diese selbst aus Stofffetzen und Pappestückchen gebastelt. Wenn die Kinder abends ins Bett gehen, erzählen sie jedem Püppchen eine Sorge und legen sie dann unter ihr Kopfkissen. Am Morgen – so hoffen die Kinder – haben die Püppchen die Sorgen schon aus der Welt geräumt. Ob dieser Wunsch manchmal wahr wird?

✣ Wähle aus:
- Erfinde eine Melodie zum Liebkoselied.
- Beschreibe, wie du dein Sorgenpüppchen herstellen möchtest.
- Sammle Liebkosewörter. Bewahre sie in einer besonders schönen Dose auf.
- Schreibe das Liebkoselied auf und schenke es Mutti oder Vati, wenn es dir einmal schlecht geht.

Lachen ist die beste Medizin ...

sagt eine alte Volksweisheit. Denn Lachen hat vor allem mit positiven Gedanken zu tun. Und das unterstützt jedes Gesundwerden. Wenn du herzhaft lachst, passiert Folgendes:

- Beim Lachen lacht auch dein Herz kräftig mit. Es schlägt schneller. Dein Gewebe wird besser durchblutet. Die Atmung wird aktiviert. Dein Körper wird besser mit Sauerstoff versorgt.
- Dein Kreislauf wird angeregt. Das Zwerchfell hüpft und massiert dabei deine inneren Organe. Du erfährst eine Art Ganzkörpermassage.
- Für die etwa 25 Lachmuskeln in deinem Gesicht ist Lachen eine ausgezeichnete Gymnastik. Dazu gehören auch die Muskeln des Tränensacks. Deshalb lachst du manchmal Tränen.
- Lachen baut Angst und Ärger ab. Deine Stimmung steigt. Lachen befreit, entspannt und stärkt deine Abwehrkräfte.

Lachen

Ich feixe
ich griene
ich grinse
ich strahle
...
ich krümme mich vor Lachen
ich platze vor Lachen
ich lache mich krumm und schief
...
ich bekomme Bauchschmerzen
vor Lachen
dass ich nicht lache!
das wäre ja gelacht!
Wer zuletzt lacht, lacht am besten!
Hahahahaha!

Rosemarie Künzler-Behncke

✤ 1. Finde weitere Lachwörter.

2. Erzähle von einer Situation in der Schule oder zu Hause, in der das Lachen geholfen hat.

3. Lies vor, warum Lachen gesund ist.

Trinken ist wichtig – aber richtig!

Wusstest du eigentlich schon, dass der menschliche Körper bis zu 70% aus Wasser besteht? Wasser ist nämlich der Hauptbestandteil des Blutes, der Zellen, von Schweiß und Urin. Ganz wichtig ist es deshalb, dass wir Menschen täglich genug Flüssigkeit zu uns nehmen, sonst geht es uns wie einer Pflanze, die zu wenig Wasser bekommt. Sicher hast du schon gehört, dass Menschen viele Tage ohne Essen überleben, ohne Trinken gelingt das jedoch nur wenige Tage. Du solltest täglich ungefähr 1½ Liter trinken, möglichst gesunde Getränke …

Wasser
Wasser, auch Mineralwasser, ist der beste Durstlöscher und allen Getränken vorzuziehen.

Tee
Tee aus getrockneten Kräutern und Früchten ist gesund. Er hilft gut gegen Durst, wenn er ungesüßt ist.

Milch
In der Milch kommen viele wichtige Stoffe vor, die der Körper braucht. Doch Milch macht satt. Du solltest sie deshalb nicht als Durstlöscher nutzen.

Saft
Frische Obst- und Gemüsesäfte schmecken lecker und sind gesund. Achte stets darauf, Säfte ohne Zuckerzusatz zu trinken.
Am besten verdünnst du sie mit Wasser oder Mineralwasser.

Das solltest du über süße Getränke wissen

Vielleicht magst du süße Getränke wie Limo und Cola, aber gerade sie enthalten viel Zucker. Zucker greift deine Zähne an. Du bekommst Löcher. Außerdem löschen zuckerhaltige Getränke nicht den Durst. In einem Glas Cola stecken neun Stück Würfelzucker. Ein Glas ab und zu schadet natürlich nichts, aber probiere doch einmal folgendes Rezept aus:

Prickelnde Orangen-Bowle

Du brauchst: 4 Orangen,
eine große Flasche Apfelsaft,
eine kleine Flasche Mineralwasser

Stelle bereit: ein Küchenbrett,
ein Küchenmesser,
einen Glaskrug

So wird 's gemacht:
– Orangen schälen und in Spalten teilen
– Orangenspalten in kleine Stücke schneiden
– Orangenstücke in einen Glaskrug füllen
und 15 Minuten in den Kühlschrank stellen
– Apfelsaft und Mineralwasser einfüllen und alles gut umrühren

Teste, ob du trinkfit bist.

1. Der Körper des Menschen besteht bis zu 70% aus Blut.	ja	B	nein	T
2. Man muss trinken, damit man gesund bleibt.	ja	R	nein	E
3. Wenn man schwitzt, muss man viel trinken, denn man hat Wasser über die Haut verloren.	ja	I	nein	A
4. Süße Limo löscht am besten den Durst.	ja	S	nein	N
5. Der Körper braucht Wasser, damit das Blut flüssig bleibt.	ja	K	nein	P
6. Es genügt, täglich einen halben Liter Flüssigkeit zu trinken.	ja	A	nein	E
7. Menschen können wochenlang ohne Trinkwasser überleben.	ja	M	nein	N

✤ Wenn du alles richtig hast, erhältst du ein Lösungswort.

Kinder-Dialog

„Könnten wir uns heute Nachmittag treffen?“

„Wann?“

„Vielleicht um drei?“

„Da habe ich Klavierstunde.“

„Und um vier?“

„Da muss ich zum Sport.“

„Und um fünf?“

„Sport geht bis um halb sechs.“

„Schade, um sechs essen wir zu Abend.“

„Später kann ich auch nicht mehr.
Wir haben so viele Hausaufgaben auf.“

„Morgen kann ich nicht.
Um zwei Gitarrenkurs in der Musikschule.
Halb vier Mathe-Nachhilfe.
Und um sechs noch Hallenhandball.“

„Und wie ist es am Freitag?“

„Warte mal! Jetzt muss ich erst meinen Terminkalender suchen.
Aber da ist bestimmt auch viel. Das weiß ich jetzt schon!“

„Ich habe meinen Kalender vergessen.
Weißt du was? Ich rufe dich heute Abend mal an.
Dann habe ich meinen Kalender, und wir machen
uns einen Termin aus.“

„Du, Freitag geht auch nicht! Da muss ich zum Reiten!“

Rolf Krenzer

✤ 1. Lest in verteilten Rollen. Was meint ihr zu diesem Wochenplan? Vergleicht mit dem Ablauf eurer Woche.

2. Schreibt eine eigene Partnergeschichte, die ebenfalls nur aus der wörtlichen Rede besteht.

Ruhe bitte!

Eines Tages betrat ein Kunde einen kleinen Dorfladen und verlangte nach Ruhe.

Nachdenklich kratzte sich der Verkäufer am Kinn.

„Ruhe wollen Sie haben?“, fragte er.

„Ja bitte. Ganz dringend“, sagte der Kunde.

„Viel?“

„So viel wie möglich.“

„Am Stück oder in Scheiben?“

„Am Stück, bitte. Lassen Sie die Ruhe bitte am Stück.“

„Aha“, sagte der Verkäufer, „was darf ’s denn kosten?“

„Oh, der Preis spielt keine Rolle. Hauptsache, es ist genug.“

„Darf es ein klein wenig mehr sein?“

„Mehr als genug?“

„Ja, mehr als genug.“

„Aber sicher. Gerne. Wenn das geht.“

„Soll ich sie Ihnen einpacken?“

„Oh nein, nein, nein, das ist nicht nötig“, sagte der Kunde, „ich brauch sie gleich.“

Da stemmte sich der Verkäufer mit beiden Fäusten auf den Verkaufstisch. Er beugte sich dem Kunden so weit entgegen, dass sie sich beinahe mit den Nasenspitzen berührten.

„Wenn Sie jemanden auf den Arm nehmen wollen, suchen Sie sich gefälligst einen anderen. Aber mir lassen Sie bitte schön meine Ruhe!“

„Was regen Sie sich nur so auf?“, fragte der Kunde.

„Mehr als Ruhe wollte ich doch auch nicht.“ Und damit verließ er den Laden.

Werner Färber

✜ 1. Wie findest du den Kaufwunsch des Kunden?
   Hast du manchmal einen ähnlichen Wunsch?

2. Lies den Text vor. Versuche mit deiner Stimme auszudrücken, dass zwei Personen sprechen. Überlege, wie du deine Stimme verändern kannst (Lautstärke, Tonfall, Tempo, …).

Kinder und ihre Hobbys

Der Mittwoch ist für mich der schönste Tag der Woche. Da habe ich nämlich nachmittags Reitunterricht in meinem Reitverein. Ich muss immer schon 20 Minuten vor Beginn der Reitstunde da sein, um mein Pony zu trensen und zu satteln. Am liebsten reite ich auf Gerti. Sie ist sehr lieb und bockt nicht.

Luise

Seit gut einem Jahr lerne ich in der Musikschule Flöte. Ich hätte gar nicht gedacht, dass mir das so großen Spaß macht. Ich habe gemeinsam mit sechs anderen Kindern Unterricht. Wir sind sogar schon mal zusammen vor richtigem Publikum aufgetreten. Alles hat gut geklappt, und die Zuhörer haben ganz lange geklatscht. Wenn ich möchte und bereit bin zu üben, darf ich noch ein anderes Instrument lernen. Ich glaube, am liebsten würde ich Trompete spielen.

Dorian

Meine Eltern sagen nur noch Leseratte zu mir. Das kommt daher, dass ich jede freie Minute nutze, um zu lesen. Ich gehe mindestens einmal in der Woche in die Bibliothek und leihe mir neue Bücher aus. Schade, dass ich abends um 21 Uhr das Licht ausschalten muss. Doch bei ganz spannenden Büchern lese ich manchmal noch heimlich unter der Bettdecke mit meiner Taschenlampe weiter. Bitte nicht verraten!

Daniel

Bin ich froh, wenn ich nachmittags meine Hausaufgaben erledigt habe! Dann erlaubt mir meine Mutter, mit meinen Inline-Skates nach draußen zu gehen. Letztes Jahr habe ich die Skates zum Geburtstag bekommen. Erst stand ich ziemlich wacklig auf meinen Beinen, aber ich habe viel geübt. Jetzt kann ich schon ganz sicher fahren.

Bontu

1. Lies genau und stelle fest, womit sich die Kinder auf den Fotos gern beschäftigen.
2. Welches Hobby hast du? Schreibe einen kleinen Text darüber. Klebe ein Foto dazu oder zeichne.

Ronjas Welt

Wälder · Moos · Flüsse · Welt · Sonne

Und Ronja ging. Ihr wurde bald klar, wie dumm sie gewesen war. Wie hatte sie nur glauben können, dass die große Steinhalle die ganze Welt sei? Nicht einmal die gewaltige Mattisburg war die ganze Welt. Nicht einmal der hohe Mattisberg war die ganze Welt, nein, die … war viel größer. Sie war so, dass einem der Atem stockte. Natürlich hatte Ronja gehört, wie Mattis und Lovis über das sprachen, was es außerhalb der Mattisburg gab. Vom Fluss hatten sie gesprochen. Aber erst, als sie ihn mit seinen wilden Strudeln tief unter dem Mattisberg hervorschäumen sah, begriff sie, was … waren. Vom Wald hatten sie gesprochen. Aber erst, als sie ihn so dunkel und verwunschen mit all seinen rauschenden Bäumen sah, begriff sie, was Wälder waren. Und sie lachte leise, weil es Flüsse und … gab. Es war kaum zu glauben – wahr und wahrhaftig, es gab große Bäume und große Gewässer, und alles war voller Leben, musste man da nicht lachen! Sie folgte dem Pfad geradewegs hinein in den wildesten Wald und kam zum Weiher. Weiter durfte sie nicht gehen, hatte Mattis gesagt. Und der Weiher lag dort schwarz zwischen dunklen Tannen, nur die Seerosen auf dem Wasser leuchteten weiß. Ronja wusste nicht, dass es Seerosen waren, aber sie sah sie lange an und lachte leise, weil es sie gab. Dort am Weiher blieb sie den ganzen Tag und tat vieles, was sie noch nie ausprobiert hatte. Sie warf Tannenzapfen ins Wasser und lachte, als sie merkte, dass sie davonschaukelten, wenn sie nur mit den Füßen plätscherte. So viel Spaß hatte sie noch nie gehabt! Ihre Füße fühlten sich so froh und frei an beim Plätschern und noch froher beim Klettern. Um den Weiher lagen große, bemooste Findlinge zum Hinaufklettern, und dort standen Fichten und Kiefern zum Hangeln. Ronja kletterte und hangelte, bis die … über den waldigen Bergrücken zu sinken begann. Da aß sie das Brot und trank Milch aus der Holzflasche, die sie in einem Lederbeutel mitgenommen hatte. Danach legte sie sich ins … , um eine Weile auszuruhen, und hoch über ihr rauschten die Bäume. Sie guckte hinauf und lachte leise, weil es sie gab.

Astrid Lindgren

✣ Lies vor. Was macht Ronja so glücklich und zufrieden? Du kannst dir das Buch *Ronja Räubertochter* auch ausleihen.

Früher und heute

Hat alles seine Zeit
Das Nahe wird weit
Das Warme wird kalt
Der Junge wird alt
Das Kalte wird warm
Der Reiche wird arm
Der Narre gescheit
Alles zu seiner Zeit.

Johann Wolfgang von Goethe

Klassen-Ordnung

1. Beim Eintritt des Lehrers haben die Schüler aufzustehen und denselben im Chor zu begrüßen.
2. Jeder Schüler sitzt ordentlich an seinem Platz.
3. Jeder legt seine Hände geschlossen auf den Tisch.
4. Jeder stellt die Füße genau nebeneinander auf den Boden.
5. Alle Schüler schauen dem Lehrer fest ins Auge.
6. Lachen, Flüstern, Umhergaffen, Hinundherrücken und Herumlaufen sind verboten.
7. Das Melden geschieht bescheiden mit dem Finger der rechten Hand. Dabei wird der Ellenbogen in die linke Hand gestützt.
8. Austeilen: Der Lehrer teilt die Bücher an die Bankobersten aus. Auf „eins" nimmt jeder Oberste ein Buch und gibt die übrigen schnell an seinen linken Nachbarn. Auf „zwei" nimmt der zweite Schüler ein Buch und gibt die übrigen weiter, usw.
9. Die Schulsachen und das Schulzimmer müssen reinlich und in Ordnung gehalten werden.

✣ Stelle fest, aus welcher Zeit diese Klassenordnung ist. Begründe.
Welche Absprachen könnt ihr treffen?

Rätſel für Schulkinder

1853

Wer von euch iſt klug und fleißig?
Viele ſchöne Rätſel weiß ich!
Spitzt das Ohr und ſpitzt die Feder,
und nun ſchreib ſich auf ein jeder:

Welche Uhr hat keine Räder?
Welcher Hahn hat keine Feder?

Welcher Bock hat keine Haut?
Welches Glöckchen keinen Laut?

Welcher Hut hat keinen Rand?
Welcher König hat kein Land?

Welches Häuschen hat kein Dach?
Welche Mühle keinen Bach?

Alle ſind ſie dir bekannt,
ſag, wie werden ſie genannt?

Volksgut

Rätsel von heute

Was ist das?
Ich geb es ihm,
ich geb es ihr,
ich geb es oft,
und geb 's auch dir,
und trotzdem bleibt es bei mir.

Paul Maar

A	B	C	D	E	F	G	H	I	J	K	L	M	N	O	P	Q	R	S	T	U	V	W	X	Y	Z
A	B	C	D	E	F	G	H	I	J	K	L	M	N	O	P	Q	R	S	T	U	V	W	X	Y	Z
a	b	c	d	e	f	g	h	i	j	k	l	m	n	o	p	q	r	ſ s	t	u	v	w	x	y	z
a	b	c	d	e	f	g	h	i	j	k	l	m	n	o	p	q	r	s	t	u	v	w	x	y	z

✤ Finde Rätsel, die ihr euch heute stellt.

Bildgeschichten

Auch deine Ur-, Ur-, Urgroßeltern liebten Comics. Nur nannte man sie damals Bildgeschichten. Sie sahen auch etwas anders aus. Sehr beliebt waren die von Wilhelm Busch 1865 gezeichneten Streiche von Max und Moritz.

Fünfter Streich

Wer im Dorfe oder Stadt
Einen Onkel wohnen hat,
Der sei höflich und bescheiden,
Denn das mag der Onkel leiden. –
Morgens sagt man: „Guten Morgen!
Haben Sie was zu besorgen?“
Bringt ihm, was er haben muss:
Zeitung, Pfeife, Fidibus. –
Oder sollt es wo im Rücken
Drücken, beißen oder zwicken,
Gleich ist man mit Freudigkeit
Dienstbeflissen und bereit. –
Oder sei ’s nach einer Prise,
Dass der Onkel heftig niese,
Ruft man: „Prosit!“ allsogleich,
„Danke, wohl bekomm es Euch!“ –
Oder kommt er spät nach Haus,
Zieht man ihm die Stiefel aus,
Holt Pantoffel, Schlafrock, Mütze,
Dass er nicht im Kalten sitze –
Kurz, man ist darauf bedacht,
Was dem Onkel Freude macht. –
Max und Moritz ihrerseits
Fanden darin keinen Reiz. –
Denkt euch nur, welch’ schlechten Witz
Machten sie mit Onkel Fritz!

Jeder weiß, was so ein Mai-
käfer für ein Vogel sei.
In den Bäumen hin und her
Fliegt und kriecht und krabbelt er.

Max und Moritz, immer munter,
Schütteln sie vom Baum herunter.

In die Tüte von Papiere
Sperren sie die Krabbeltiere. –
Fort damit, und in die Ecke
Unter Onkel Fritzens Decke!

Bald zu Bett geht Onkel Fritze
In der spitzen Zippelmütze;
Seine Augen macht er zu,
Hüllt sich ein und schläft in Ruh.

Doch die Käfer, kritze, kratze!
Kommen schnell aus der Matratze.
Schon fasst einer, der voran,
Onkel Fritzens Nase an.

„Bau!!“, schreit er – „Was ist das hier?!!“
Und erfasst das Ungetier.
Und den Onkel voller Grausen,
Sieht man aus dem Bette sausen.

„Autsch!!“ – Schon wieder hat er einen
Im Genicke, an den Beinen;
Hin und her und rund herum
Kriecht es, fliegt es mit Gebrumm.

Onkel Fritz, in dieser Not,
Haut und trampelt alles tot.
Guckste wohl! Jetzt ist 's vorbei
Mit der Käferkrabbelei!!

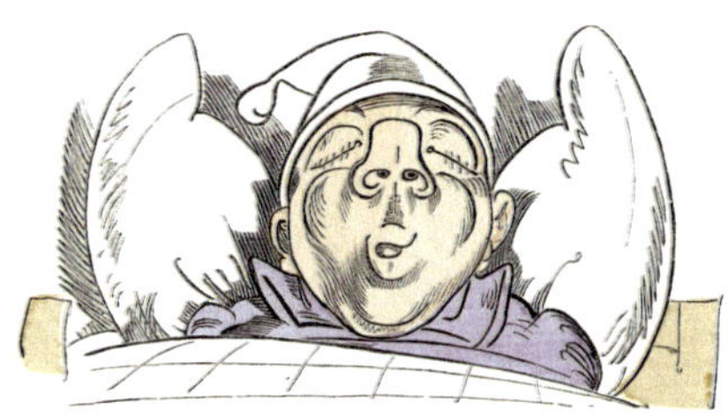

Onkel Fritz hat wieder Ruh
Und macht seine Augen zu.

Dieses war der fünfte Streich.

1. Viele Texte waren früher in Reimform geschrieben. Suche solche Reimwörter.
2. Bringt eure Comics mit. Vergleicht sie mit dieser Bildgeschichte.

Ballspiele

Ein Ball war früher ein wichtiges und wertvolles Spielzeug der Kinder. Oft bekamen ihn die Kinder zu Ostern geschenkt. Sie freuten sich über die bunten, leuchtenden Bälle. Für größere Jungen gab es aus stärkerem schwarzen oder braunen Gummi einfachere Fußbälle. Nur wenige hatten echte Lederbälle, und wer einen besaß, der hatte meist besonders viele Freunde …
Es gab viele verschiedene Ballspiele. Eine kleine Auswahl lernst du hier kennen.

Verliebt, verlobt, verheiratet

Alle Kinder stehen im Kreis und werfen sich möglichst überraschend und ohne feste Reihenfolge den Ball zu. Wer ihn fallen lässt, gilt als „verliebt", beim zweiten Mal als „verlobt", beim dritten Mal als „verheiratet". Danach kommen „Kinder" bis zu einer vor dem Spiel ausgemachten Anzahl. Lässt ein Spieler den Ball erneut fallen, muss er ausscheiden.

Ball-Zehner

Beim Ball-Zehner-Spiel muss der Ball auf verschiedene Art gegen die Wand geworfen und wieder aufgefangen werden:
10-mal hintereinander mit beiden Händen prellen
9-mal mit der rechten Hand prellen
8-mal mit der linken Hand prellen
7-mal mit beiden Fäusten
6-mal mit der rechten Faust
5-mal mit der linken Faust
4-mal mit dem rechten Knie
3-mal mit dem linken Knie
2-mal mit der Stirn
1-mal mit der Brust
Wer einen Fehler macht – den Ball auf dem Boden aufkommen lässt oder nicht richtig zählt –, muss aussetzen, bis der nächste Spieler einen Fehler macht, und darf dann an der unterbrochenen Stelle weiterspielen. Gewonnen hat, wer als Erster seine Übungen von 10 bis 1 gespielt hat.

1. Stelle fest, welche Spiele deinen Eltern und Großeltern noch bekannt sind.
2. Überlegt euch selbst ein neues Ballspiel. Notiert eure Spiele in der Spiele-Kartei der Klasse. Gestaltet einen Ballspielnachmittag.

Namenball

Alle stehen in einem engen Kreis um das Kind, das den Ball hat. Es ruft nun den Namen eines Mitspielers und wirft den Ball so hoch wie möglich in die Luft. Dann laufen alle schnell davon, während das genannte Kind den Ball auffängt. Hat es den Ball gefangen, ruft es laut „Stopp!“, und alle müssen sofort stehen bleiben. Das Kind versucht nun, mit dem Ball einen Mitspieler zu treffen, der dann in der nächsten Runde den Ball hochschleudert. Das Spiel wird schwieriger, wenn nicht die richtigen Namen, sondern zuvor ausgemachte Fantasienamen gerufen werden.

Ball an die Wand

Wirf den Ball an die Wand, ohne ihn festzuhalten oder fallen zu lassen. Zähle mit, wie oft du es schaffst. Spielst du es mit mehreren Kindern, so könnt ihr mitzählen. Wer die höchste Zahl erreicht hat, ist der Sieger.

Variante für Profis

Wirf den Ball immer wieder an die Wand, versuche aber zwischendurch in die Hände zu klatschen, dich schnell hinzuknien oder dich um die eigene Achse zu drehen. Wer das am häufigsten schafft, ist Sieger.

✣ 1. Lies genau. Erkläre nun eines der Spiele so, dass du es am Nachmittag mit deinen Freunden spielen kannst.

2. Probiert die Spiele aus. Welches gefällt euch?

Das Lied vom braven Mädchen

Ich bin ein feines Mädchen,
kann drehen das Rädchen,
kann flicken und stricken,
kann sticken und nicken,
kann nädeln und fädeln,
kann singen und springen,
kann braten und kochen
das Fleisch und die Knochen.

Mädchen, lasst euch nichts erzählen

Wer hat sich das wohl ausgedacht,
was „man“ als „braves Mädchen“ macht?
Häkeln, sticken, backen, putzen.
Nur das Kleidchen nicht beschmutzen.
Haare kämmen, Püppchen wiegen,
weil wir sonst kein Männlein kriegen –?

Mädchen, lasst euch nichts erzählen!
Wehrt euch, traut euch, bis es glückt!
Lasst euch länger nicht befehlen,
was sich für ein Mädchen schickt!

Volker Ludwig

✤ 1. Vergleiche die Texte miteinander.
Was hat sich mit der Zeit verändert?

2. Informiert euch, was von einem richtigen Jungen früher erwartet wurde.
Überlegt, wie es heute ist.

Nicht verzagen – Oma und Opa fragen

Kräuter und Heilpflanzen spielten schon immer eine wichtige Rolle im Leben unserer Vorfahren. Aus der Erfahrung der Menschen entwickelte sich ein großes Wissen, das erst von Mund zu Mund und später auch schriftlich weitergegeben wurde. So kann es auch für uns heute bei leichteren Beschwerden sinnvoll sein, auf die Kenntnisse unserer Großeltern und Urgroßeltern zu vertrauen und natürliche Mittel zu nutzen. Wenn diese nicht helfen, sollte man künstlich hergestellte Medikamente nehmen.

- Lies in einem Buch nach, welche Heilkräuter dir bei Beschwerden noch besonders helfen können.
  Frage deine Großeltern.

Sagenhaftes

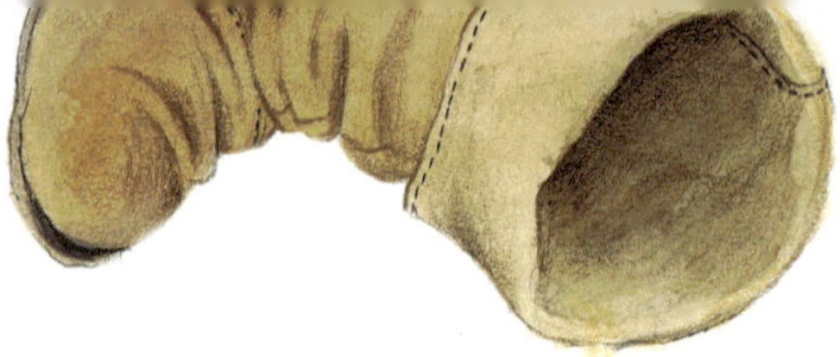

Zu Ereignissen, Namen und Besonderheiten einer Landschaft, eines Ortes oder einer bestimmten Person sind viele Geschichten überliefert. Manche Dinge konnten sich die Menschen in früherer Zeit nicht recht erklären und suchten so nach Deutungen. Auf diese Weise entstanden Sagen. Meist stammen sie von einem Verfasser, aber im Laufe der Zeit „sagten“ oder besser erzählten sich die Leute diese Sagen und dichteten dabei kräftig mit. Aber immer gibt es ein Körnchen Wahrheit in einer Sage.

Wie Riesa zu seinem Namen kam

Es lebte einmal vor langer, langer Zeit ein Riese, der sich auf eine Wanderung durch die große, weite Welt machen wollte. So nahm er seine schwere Holzkeule auf die Schulter und ging mit Riesenschritten los. Nachdem er einige Tage gewandert war, kam er an das Ufer der Elbe und machte dort eine kleine Rast. Dabei merkte er, dass viel Sand in seine Stiefel gekommen war. Flugs zog er sie aus und ließ den angesammelten Sand herausrinnen. Das wurde – kaum sollte man es glauben – so viel, dass ein kleiner Sandhügel entstand. Als einige Zeit vergangen war, kamen Menschen in diese Gegend. Sie fanden es schön hier, bauten ihre Hütten, Häuser und sogar ein Schloss auf diesen Hügel aus Sand, so dass eine ganze Stadt entstand. Diese nannten sie aus Dankbarkeit und in Erinnerung an den Riesen, der diesen schönen Platz geschaffen hatte: R i e s a.

✤ 1. Lies die Sage so oft, bis du sie mit eigenen Worten erzählen kannst.

2. Weißt du, woher dein Heimatort seinen Namen hat? Versuche es herauszufinden.

Im Frühling

Leise zieht durch mein Gemüt

Leise zieht durch mein Gemüt
liebliches Geläute.
Klinge, kleines Frühlingslied,
kling hinaus ins Weite.
Kling hinaus bis an das Haus,
wo die Blumen sprießen.
Wenn du eine Rose schaust,
sag, ich lass sie grüßen.

Heinrich Heine

Bullerbü im Frühling

Wir haben eine ganze Menge Schafe hier in Bullerbü, und die bekommen jedes Jahr Lämmer. – Lämmer sind das Niedlichste, was es gibt. Sie sind niedlicher als Kätzchen und junge Hunde und Ferkel. Ich finde, sie sind beinahe noch niedlicher als Kerstin – aber das wage ich nicht zu sagen, wenn Ole in der Nähe ist. Während der Zeit, in der die Schafe ihre Lämmer bekommen, laufen wir jeden Morgen zum Schafstall, um zu sehen, wie viele Lämmchen in der Nacht hinzugekommen sind. Wenn man die Tür zum Schafstall öffnet, blöken alle Schafe, so sehr sie können. Die Lämmer blöken zart und fein und nicht so dumpf wie die Mutterschafe und die Schafböcke. Fast jedes Mutterschaf bekommt zwei Lämmer.

An einem Sonntagmorgen, als ich in den Schafstall hinunterkam, sah ich ein Lamm tot im Stroh liegen. Ich lief sofort zu Papa und erzählte es ihm. Und er kam gleich mit und sah nach, warum das Lamm tot war. Es war gestorben, weil das Mutterschaf keine Milch im Euter gehabt hatte. Das arme, arme Lamm! Es hatte sterben müssen, weil es nichts zu essen bekommen hatte. Ich setzte mich auf die Schwelle zum Schafstall und weinte. Bald kam auch Inga und erfuhr alles, und da weinte sie auch. „Ich will nicht, dass Lämmer sterben müssen!“, sagte ich zu Papa. „Das will doch niemand“, sagte Papa. „Aber hier ist noch eins, das wohl sterben muss.“ Er zeigte auf ein kleines Lamm, das er im Arm hielt und das ganz elend aussah. Es war der Bruder des toten Lamms. Es konnte natürlich auch keine Milch von seiner Mutter bekommen. Und Milch ist das Einzige, was neugeborene Lämmchen essen können. Deshalb sagte Papa, dass wir das Brüderchen des toten Lamms schlachten müssten, damit es nicht verhungern musste. Als wir das hörten, weinten Inga und ich noch mehr. Wir weinten ganz schrecklich. „Ich will nicht, dass Lämmer sterben müssen!“, schrie ich und warf mich auf die Erde.

Da hob Papa mich auf und sagte: „Nicht weinen, Lisa!“ Und dann sagte er: „Du könntest ja versuchen, das kleine Lamm mit der Flasche aufzuziehen. Genau wie ein Wickelkind.“

Oh, wie wurde ich froh – ich glaube nicht, dass ich jemals so froh gewesen bin. Ich hatte gar nicht gewusst, dass man Lämmer füttern kann wie Wickelkinder. Papa sagte, ich solle nicht allzu sicher sein, dass es mir gelingen würde. Er glaubte, das Lamm würde trotzdem sterben, aber wir könnten es ja einmal versuchen. Inga und ich liefen zu Tante Lisa. Sie gab uns eine Flasche mit einem Sauger. Daraus hatte Kerstin ihre Milch bekommen, als sie noch ganz klein gewesen war. Dann liefen wir wieder zu Papa. „Papa, könnten wir dem armen Lämmchen nicht etwas Sahne zu trinken geben?", fragte ich. Aber da sagte Papa, wenn ich dem Lamm Sahne gäbe, würde es krank werden. Sein Magen könnte nur Milch vertragen, die mit Wasser verdünnt sei. Papa half mir, die Milch zu verdünnen, und wir wärmten die Flasche in heißem Wasser. Dann steckte ich dem Lamm den Sauger ins Mäulchen. Und, stellt euch vor, es begann sofort zu saugen. Man konnte sehen, wie hungrig es war. „Jaja, nun bist du die Pflegemutter von diesem Lammkind", sagte Papa. „Aber es muss von früh bis spät zu essen bekommen. Du darfst also nicht die Lust verlieren." Inga sagte, wenn ich die Lust verlieren sollte, brauchte ich ihr nur Bescheid zu sagen, sie würde das Lamm sehr gern für mich füttern. Aber ich sagte: „Haha, du glaubst doch wohl nicht, dass man die Lust verliert, Lämmchen zu füttern?" Ich taufte das Lamm Pontus und Papa sagte, es sei nun mein eigenes Lamm. Es war ein Glück, dass alles geklärt war, bevor Lasse und Bosse an diesem Sonntagmorgen aufwachten, sonst hätte es bestimmt Krach gegeben wegen Pontus, glaube ich. „Dass man sich an einem Sonntag nicht einmal richtig ausschlafen kann, ohne dass Lisa gleich ein Lamm bekommt", sagte Lasse und war ein bisschen böse, weil nicht er es gewesen war, der Pontus bekommen hatte.

Astrid Lindgren

✤ 1. Der Text hat drei Teile. Gib jedem Abschnitt eine Teilüberschrift. Vergleicht miteinander und überlegt, welche Überschriften besonders treffend sind.

2. Lies die Textstellen vor, die genau zur Illustration passen. Gib die Zeilennummern an, damit die anderen mitlesen können.

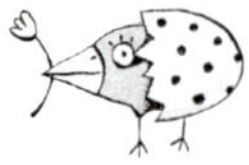

Ostern

Ostern ist das älteste und höchste Fest der Christen, denn Jesus ist nach seinem Tod am Kreuz nicht im Grab geblieben, sondern ist nach den Berichten seiner Apostel vom Tode auferstanden. Das erfüllte alle mit größter Freude. Deshalb ist Ostern seit 2000 Jahren das Fest der Auferstehung. Ostern ist das Fest des neuen Lebens. Das erleben wir jedes Jahr, wenn im Frühling in den Gärten, auf den Wiesen und Feldern neues Leben zu grünen und zu blühen beginnt.

Ostereier vom Osterhasen

Hast du dich nicht auch schon einmal darüber gewundert: Ein Hase legt die Ostereier ins Nest? In manchen Gegenden übernimmt diese Aufgabe gar der Gockel. Im Elsass in Frankreich glauben die Kinder, dass sie dem Storch die Ostereier zu verdanken haben. Warum bringt bei uns ein Hase und keine Henne die Ostereier? Genau kann man das nicht erklären. Man weiß nur, dass der Hase schon bei den alten Griechen und Römern ein Sinnbild der Fruchtbarkeit war. Denn der Hase bringt bereits im Frühjahr die ersten Jungen zur Welt und vermehrt sich sehr stark.

Bunte Ostereier

Den Brauch, Eier zum Osterfest zu bemalen und zu färben, kennt man seit dem Mittelalter, also seit etwa tausend Jahren. Die Menschen haben sich immer wieder neue Techniken ausgedacht, um die Eier recht schön zu verzieren. So kann man sie nicht nur einfach bemalen, sondern auch mit Stoff, Spitzen und Borten bekleben und vielerlei Muster in die farbige Oberfläche kratzen. Man kann die Eier auch mit Naturfarben färben: aus Zwiebelschalen, Schwarztee, Kaffee oder Nussbaumblättern gibt es braune Eier; aus Zitronenholz, Safran oder Kümmel werden sie gelb; rote Eier entstehen mithilfe Roter Bete und grüne Eier aus Efeu oder Brennnesselblättern. Man kann auch, wie das früher sehr beliebt war, auf ein Ei einen kleinen Spruch schreiben, der den anderen erfreut, einen Spruch, der ihm zeigt, dass man ihn gern hat. Ostereier sind immer ein beliebtes Geschenk. Bestimmt kannst du damit lieben Menschen eine Freude machen.

Zwölf Ostereier

Der Osterhase hat über Nacht
zwölf Eier in unsern Garten gebracht.
Eins legte er unter die Rasenbank,
drei zwischen das grüne Efeugerank,
vier lagen im Hyazinthenbeet,
drei, wo die weiße Narzisse steht,
eins oben auf dem Apfelbaum-Ast:
da hat sicher die Katze mit angefasst!

Karl Ferdinands

Unterm Baum im grünen Gras
Sitzt ein kleiner Osterhas!
Putzt den Bart und spitzt das Ohr,
Macht ein Männchen, guckt hervor.
Springt dann fort mit einem Satz
Und ein kleiner frecher Spatz
Schaut jetzt nach, was denn dort sei.
Und was ist 's? Ein Osterei!

Volksgut

Grün sind die Sträucher
im Ostergarten,
indes die Pappeln
am Wasser noch warten.
Dort eine Wolke
will sich beeilen,
hier eine weiße
will noch verweilen.

Bertolt Brecht

So geht es in Grönland

Ein Eskimomädchen
mit blauschwarzem Haar
steckt sein Stupsnäschen
aus einer Schneehaustür
und ruft:
„Ein Mercedes!“

Alles stürzt zu ihr,
rings liegt Grönland weiß und still.
Das kleine Mädchen schreit:
„April, April!“

Josef Guggenmos

April

April! April!
Der weiß nicht, was er will.
Bald lacht der Himmel klar und rein,
Bald schaun die Wolken düster drein,
Bald Regen und bald Sonnenschein!
Was sind mir das für Sachen,
Mit Weinen und mit Lachen
Ein solch Gesaus zu machen!
April! April!
Der weiß nicht, was er will.

Heinrich Seidel

Aufpassen: 1. April!

Bestimmt kennst du den Brauch, jemanden „in den April zu schicken“. Das kann ein Freund oder ein Bekannter sein, den man auffordert etwas zu überbringen oder irgendwo etwas abzuholen. Darum musst du aufpassen, dass dich niemand hereinlegt! Denn ehe man sich ’s versieht, wird man am 1. April gefoppt. Natürlich darf man sich solche Schwindeleien nur an diesem Tag erlauben. Pass nur auf, dass dich dein Freund oder dein Lehrer nicht in den April schickt! Lass dich auch nicht von deinen Eltern in die Apotheke schicken, um eine Packung „Ibindumm“ zu holen! An diesem Tag darfst du nicht jedem alles glauben. Sei vorsichtig, wenn dich wer um Taubenmilch oder Krebsblut schicken will oder dich bittet: „Frag mal beim Nachbarn, ob er uns seine Graszange leiht!“

✣ 1. Am 1. April ist manchmal in den Zeitungen ein kurzer Artikel mit einem Aprilscherz versteckt. Findest du einen?

2. Denke dir selbst einen Aprilscherz aus und schicke jemanden in den April.

Das Wolkenbuch

Der April will Wolken bestellen,
er blättert im Wolkenbuch:
Das ist die Mümmelschäfchenwolke,
das ist die Dickebauchwolke,
das ist die Zirre-Birre-Federwolke,
das ist die Entenschnabelwolke,
das ist die Kussschweinchenwolke.
Was willst du bestellen?
Am liebsten alle!
Und der April blättert weiter,
er blättert und blättert
im Wolkenbuch.

Christa Wißkirchen

Der Regen

Die Wolke und die Wiese
Sind sich ganz nah gekommen
Als ich sie sehn wollt
Sind sie davongeschwommen.

Und nur ein Rauschen blieb
Rauscht eine lange Stunde
Da war die Luft gebadet
Und lag leicht im Munde.

Volker Braun

✣ 1. Lies den Text der Seiten 110/111 vor, der dir besonders gefällt. Begründe deine Wahl.

2. Erfinde eigene Wolkennamen. Du kannst auch ein kleines Wolkenbuch gestalten.

Löwenzahnzeit

Im Frühling wird die Wiese wieder grün und frisch.
Die Knospen vom Löwenzahn entfalten sich, und die runde Blüte mit den vielen kleinen Blütenblättern bricht hervor.
Das leuchtende Gelb und der Duft ziehen Insekten an.
Sie holen sich den süßen Nektar aus den Blüten.
Jeden Abend schließt sich die Blüte. Und irgendwann bleibt sie ganz geschlossen, und die Samen reifen heran.
Aus der Blüte wird die Pusteblume.
Die federleichten Samen werden vom Wind davongetragen.
Aus ihnen werden neue Löwenzahnpflanzen.
Sie wachsen an allen denkbaren Standorten, also nicht nur auf der Wiese, sondern in Wäldern, an Weg- und Straßenrändern, auf Schuttplätzen, in Pflasterritzen und Gärten.

Löwenzahn

Löwenzahn, Löwenzahn
fängt ganz klein zu wachsen an.
Warmes Frühlingswetter:
viele Zackenblätter!

Löwenzahn, Löwenzahn
fängt jetzt rasch zu blühen an,
kaum hat er begonnen:
lauter gelbe Sonnen!

Löwenzahn, Löwenzahn,
wie er sich verwandeln kann,
denn wohin ich schaue:
Pusteblumen, graue …

Ilona Bodden

Der Löwenzahn

Dem Löwenzahn zum Ruhme
gibt es die Pusteblume.
Die Pusteblume ist sein Kind.
Wenn ihr nicht pustet,
kommt der Wind
und pustet ihre Sterne.
Sie fliegen in die Ferne,
und wo sie landen, seht 's euch an –
da wächst ein neuer Löwenzahn.

Heinz Kahlau

Die Gießkanne und der Löwenzahn

Im hintersten Winkel eines Gartens, dicht neben der Mauer,
stand einmal eine verbeulte Gießkanne. Sie war sehr alt,
und sie wurde nicht mehr benützt, da sie ein Loch hatte.
Die Sonne brannte herab. Es war sehr heiß.
Ein Löwenzahn, der neben der Gießkanne aus dem Boden wuchs,
war knapp vor dem Verdursten.
„Bitte begieße mich!“, sagte er mit matter Stimme. „Sonst muss ich sterben.“
„Ich habe kein Wasser“, erwiderte die Gießkanne. „Ich kann dir nicht helfen.“
Der Tag dauerte endlos lang. Die Gießkanne schaute den Löwenzahn an,
und der Löwenzahn schaute die Gießkanne an. Wie traurig das war!
Nicht helfen zu können, ist manchmal genauso qualvoll wie in Not sein.
Am Abend gab es ein Gewitter, und es regnete eine Stunde lang.
Der Löwenzahn erholte sich rasch und vergaß diesen schlimmen Tag.
Die Gießkanne aber blieb noch lange traurig.

Erwin Moser

Löwenzahnentdeckungen

Hole dir eine Pusteblume. Zupfe etwa 25 Löwenzahnsamen ab.
Lege sie auf feuchte Watte in eine durchsichtige Plastebox.
Beobachte, was mit dem Samen passiert. Zeichne jeden Tag auf,
wie er sich entwickelt.

Untersuche den Stängel. Schneide ihn längs ein
und halte ihn ins Wasser. Was geschieht?

Stelle fest, wie der Saft im Stängel des Löwenzahns ist.
Wozu kann man ihn nutzen?

Ein Kranz oder eine Kette aus Löwenzahn kann ein toller Schmuck
zum Frühlingsfest sein. Wie entsteht er?

✜ Auf dieser Doppelseite findest du eine Erzählung,
zwei Sachtexte und zwei Gedichte. Ordne zu.

Bauernregeln

Da es erst seit etwa 100 Jahren Wetterstationen und -institute gibt, die eine tägliche Vorhersage machen, waren die Menschen in früheren Zeiten auf ihre eigenen Erfahrungen und Beobachtungen angewiesen. Gerade die Bauern richteten – damals wie auch heute noch – ihre Arbeiten nach dem Wetter. Um vorhersagen zu können, wie das Wetter sich entwickelt, beobachteten sie zum Beispiel die Wolken oder das Licht des Sonnenuntergangs. Oder sie schlossen aus dem Verhalten der Tiere auf das kommende Wetter. Zu allen Witterungserscheinungen machten sie kleine Sprüche, die von Generation zu Generation überliefert wurden.

Nachtfröste im Mai schädlich sind,
gut hingegen sind die Wind.

Ist der Juni warm und nass,
gibt 's viel Frucht und grünes Gras.

April nass und kalt,
wächst das Korn wie ein Wald.

Wie 's im April und Maien war,
so schließt man aufs Wetter im ganzen Jahr.

Wenn 's Wetter gut am 1. Mai,
gibt es viel und gutes Heu.

Regen auf Walpurgisnacht (30.4.)
hat stets ein gutes Jahr gebracht.

Wenn im März die Kraniche zieh'n,
werden bald die Bäume blüh'n.

Aprilenglut tut selten gut.

Aprilwetter und Kartenglück
wechseln jeden Augenblick.

Mairegen bringt Segen,
da wächst jedes Kind,
da wachsen die Blätter,
die Blumen geschwind.

✤ 1. Überlegt, welche dieser Regeln noch heute gültig sind.

2. Sucht weitere Bauernregeln, die wichtige Naturbeobachtungen zeigen.

Der Natur auf der Spur

Merkvers

Das Schönste, was uns die Raumfahrt zeigte,
war die Erde als blauer Stern.
Er ist bewohnbar. Aber verletzlich.

Christine Busta

Schwalbennester
in Biederitz gerettet!

Von Manuela Langner

•*Biederitz*• Im Wohngebiet Weidenring sind 40 Schwalbennester gerettet worden. „Auf Wunsch eines einzelnen Mieters sollten die Niststätten abgerissen und Netze am Dachvorbau angebracht werden, um einen erneuten Nesterbau zu verhindern“, berichtete Michael Buck. Er wohnt seit vier Jahren im Weidenring und erhob Einspruch gegen das Entfernen der Nester. „Der Vermieter zeigte sich einverstanden und bezahlte die Schutzvorrichtungen aus der eigenen Tasche“, lobte der Mieter. Immerhin hätte die Aktion mit mehreren Tausend Mark zu Buche geschlagen. „Bevor die Brut der Schwalben flügge ist, entsteht viel Schmutz. So gab es zweimal im Jahr diverse Häufchen“, erklärte Buck. In einem anderen Wohngebiet in Biederitz wären die Schwalbennester mit der Brut abgerissen worden, berichtete der Biederitzer erbost. „Die Natur braucht uns nicht, aber wir brauchen die Natur. Mich stört die Gleichgültigkeit der Menschen“, machte Buck seinem Ärger über das Abreißen der Nester in dem anderen Wohngebiet Luft.

Froschzaun vor der Straße stoppt die Wanderung der Kröten

Von Cordula Hornburg

•*Neu-Olvenstedt*• In Magdeburgs größtem Neubauviertel ist derzeit ein Naturschauspiel der besonderen Art zu sehen. Hunderte kleine Erdkröten begeben sich im Weizengrund auf die Wanderschaft. Das Problem: Auf der Suche nach einem neuen Domizil überqueren sie auch die Straße Weizengrund. Um das Leben der Tiere zu retten, riefen Umweltschützer am Montag beim Magdeburger Umweltamt an und baten um Unterstützung. Schnell und unbürokratisch sicherte das Amt die Bereitstellung eines sogenannten Froschzauns zu. Dieser wurde gestern Morgen angeliefert.

Rund 50 Meter Zaun wurden zunächst aufgestellt. Zunächst – weil die Absperrung auf mehr als 100 Metern erfolgen muss. Doch dafür fehlt im Moment das Geld.

Mit Hilfe der kleinen, zirka 30 Zentimeter hohen Barriere sollen die Tiere sanft gezwungen werden, sich für ein neues Domizil in unmittelbarer Nachbarschaft der Teiche zu entscheiden. Die Bewohner Olvenstedts werden gebeten, den Froschzaun zu beachten und vor Zerstörungen zu bewahren.

✤ 1. Die oberen Texte sind Zeitungen entnommen. Woran merkst du das? Lies solche Stellen vor.

2. Nenne Wörter und Wendungen, die dir ungewohnt vorkommen. Schaue in ein Wörterbuch und kläre ihre Bedeutung.

3. Sucht andere Artikel in den Zeitungen, die über die Gefährdung der Natur berichten. Informiert euch auch in entsprechenden Fernsehsendungen.

Steckbrief einer Buche

Du liest gerade in einem Buch. Aber warum heißt ein Baum fast genauso? Das Wort Buch kommt von beschrifteten Buchenholztafeln, die man als „Buch“ zusammengebunden hat.

Standort:	auf kalkhaltigen Böden – in Parkanlagen und Gärten, Laubwäldern
Größe:	bis zu 40 Metern hoch
Alter:	kann bis zu 400 Jahre alt werden, wird aber meistens nicht älter als 150 Jahre
Blatt:	im Frühjahr – hellgrün, kleine, feine Haare; später – dunkelgrün, glänzend, mit gewellter Kante
Stamm:	glatte Rinde
Blüte:	nach 50 bis 80 Jahren; unscheinbare, hängende Blüten
Frucht:	Ausbildung einer stachligen Frucht, die ausbricht und ihre Samen, essbare Bucheckern, freigibt
Nutzen:	Schattenspender; Sauerstofflieferant; Verwendung des harten Holzes für Möbel, Parkettböden, Treppenstufen, Lineale; Bucheckern als Nahrung für Tiere

Das wandernde Bäumlein

Vor einiger Zeit habe ich ein Bäumlein – eine dünnstämmige, doch schon kräftige kleine Buche – wandern gesehen. Nein, ich spinne nicht. Meine Fantasie geht nicht mit mir durch. Das Bäumlein ist uns durchgegangen. Und wie!

Es begann damit, dass es als Keimling durch eine Buchecker stieß und wie ein bleicher Regenwurm aus der Erde guckte. Die Sonne – endlich schien sie mal! – zog an dem Würmchen, wärmte es, und nach einiger Zeit trieb es winzige Blätter. Natürlich brauchte es die Hilfe der guten Waldgeister, der plattschwänzigen Schrate, der krummschwänzigen Trolle, der Erdmännchen und Elfen. Zum Beispiel könnte ein Reh oder ein Hase es entdecken und auffressen. Aus wär 's mit dem Bäumlein.

Es kam jedoch durch und wuchs. Und begann seine Wanderschaft. Dabei half ihm der Förster. Er grub das Pflänzchen aus und erklärte es zum Setzling. Ein Setzling sitzt nach der Vorstellung von Menschen, die eben wie Menschen denken und nicht wie Bäume, in einer Baumschule. Da kann sich die kleine Buche nur schütteln. Für sie gibt es keine Schule. Sie braucht das Wachsen und das Blätterkriegen nicht zu lernen. Sie kann es. Und sie wächst – mit Schwung!

Nach zwei Jahren gräbt der Förster sie wieder aus und bringt sie zu dem Platz, den er extra für sie ausgewählt hat. Da soll sie bleiben, mächtig werden und Schatten spenden. Die Buche lernt alle Wetter kennen und alle Winde. Sie wird immer kräftiger und geschmeidiger. Sie richtet sich für ein langes, standfestes Buchenleben ein. Aber da hat sie mit den Menschen nicht gerechnet.

Eines Tages sieht sie sich von Maschinen umstellt. Es sind Baumaschinen. Erde wird aufgerissen. Die Bagger haben sich schon bis an ihre Wurzeln gefressen. Im letzten Augenblick rettet sie der Förster. Fluchend gräbt er das Bäumlein aus, legt es vorsichtig auf den Anhänger und fährt mit ihm tiefer in den Wald hinein. Wieder muss es Fuß fassen, Wurzeln schlagen. Doch die Wurzeln schmerzen und krümmen sich. Sie vertragen diese Erde nicht. Die kleine Buche lässt die Blätter hängen. Die Rinde beginnt sich vom Stamm zu schälen.

Es ist beinahe zu spät, als der Förster sie besucht. Er gräbt sie wieder aus und entdeckt lauter Unrat in der Erde, Abfall, den die Menschen dort verscharrt haben. Es muss doch mal gut gehen, Bäumlein, sagt der Förster und trägt es an den Waldrand. Dort wächst die Buche weiter. Sie wird ein stattlicher Baum.

Nun beobachtet sie mit Schrecken, dass am Waldrand Häuser gebaut werden. Sie mag es, wenn Kinder um sie herum spielen oder wenn sich jemand in ihren Schatten legt. Dazu ist sie auch da. Sie fragt sich, wie lange es dauern wird, bis die Maschinen den Wald erreicht haben.

Was dann geschieht? Zum Wandern ist sie nun zu groß.
Sie muss bleiben. Sie muss abwarten.
Sie möchte noch lange wachsen. Sie fragt sich,
ob die Menschen ab und zu auch an
ihre stummen Nachbarn, die Bäume, denken.

Peter Härtling

1. Lies nach, an welchen Plätzen die Buche stand.
   Zeichne zu jedem Abschnitt die entsprechende Stelle in ein Baum-Leporello.
2. Schreibe zu deinem Lieblingsbaum einen Steckbrief.

Der Baum

Zu fällen einen schönen Baum,
braucht 's eine Viertelstunde kaum.
Zu wachsen, bis man ihn bewundert,
braucht er, bedenkt es, ein Jahrhundert.

Eugen Roth

Bruder Ahorn

Ich lege mein Ohr
an den Ahorn, fast hör ich
es schlagen, sein Herz.

Josef Guggenmos

Bruder …

Ich lege mein Ohr
an …

✤ Sammle weitere Baumfotos und Gedichte.

Umwelttipps

1. Zu viel Müll

Sicher hast auch du oft Durst, wenn du allein oder mit deinen Eltern unterwegs bist. Und wahrscheinlich kaufst du dir dann eine Dose oder ein Trinkpäckchen. So entsteht aber viel Müll: die Tüte oder Dose selber, der Trinkhalm, manchmal kommt sogar noch eine Plastikverpackung der Tütchen hinzu.
Tipp: Kaufe dir eine kleine Plastikflasche mit Drehverschluss oder einen Becher mit Deckel, denn darin kannst du immer wieder etwas zu trinken mitnehmen!

2. Zu viel Werbung

Jeden Tag erhalten wir bunte Werbezettel.
Sie sind oft nur einseitig bedruckt.
Tipp: Die Rückseiten kannst du als Notizzettel, zum Vorschreiben für Texte, als Zettel für Nebenrechnungen und Skizzen oder … nutzen.

3. Zu viel Verpackungen

Fast ein Drittel unseres Mülls besteht aus Verpackung: Papier, Glas, Metall und Plastik. Verpackungen sind wichtig, denn sie schützen die Dinge vor Schmutz und Krankheitserregern. Aber ein Großteil der Verpackungen ist nur dazu da, uns auf die Produkte aufmerksam zu machen und uns dazu zu bringen, sie zu kaufen.
Tipp: Überlege, welche der Verpackungen du mehrfach nutzen kannst.
Wofür kannst du leere Konfekt- oder Keksschachteln, Schuhkartons, Tee- oder Kaffeedosen, Obstkörbe oder -stiegen gebrauchen?

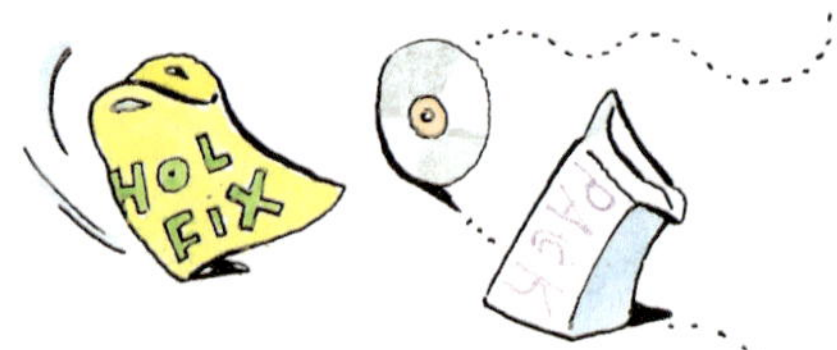

4. Zu viel Plastiktüten

Fallen dir Haufen von Plastiktüten entgegen, wenn du den Küchenschrank aufmachst? Ja? Dann muss jemand aus der Familie jedes Mal eine neue Plastiktüte vom Einkaufen mit nach Hause bringen. Bist du das vielleicht?
Tipp: Nimm das nächste Mal doch eine alte Tüte – dann vergrößerst du nicht den Plastikmüllberg.
Am besten jedoch: Nimm eine Stofftüte.

✣ 1. Finde heraus, wie die Umwelttipps aufgebaut sind.
Spüre weitere Umwelttipps auf.

2. Gestaltet eine Ausstellung zum Elternabend damit oder schreibt kleine Handzettel, die ihr dann verteilt. Auch eine Wandzeitung könnte entstehen.

Ihr seid nicht zu klein – mischt euch ein

Rudi-Rotbein-Club
heißt der Kinderclub des Naturschutzbundes.
Mitmachen können alle Kinder im Alter von sechs bis zwölf Jahren, die sich für den Schutz von Tieren und Pflanzen einsetzen.
Es gibt Mitmach-Aktionen, Wettbewerbe und Natur-Freizeiten.
Die Internetadresse lautet:
www.naju-bgs.de/rudi/

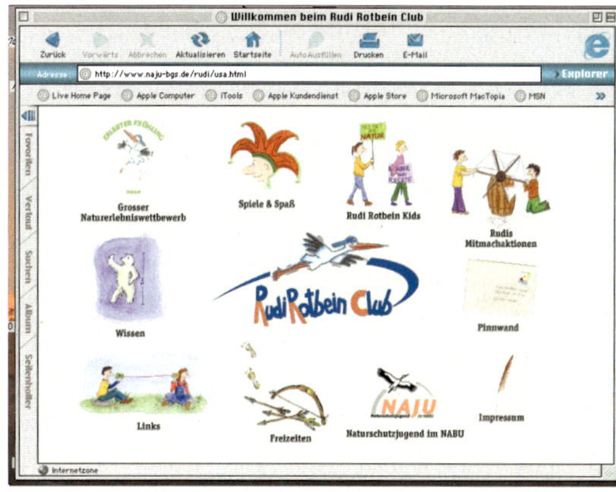

Der **WWF**
setzt sich weltweit für den Schutz der Umwelt ein.
Seine Mitglieder kümmern sich zum Beispiel um
- den vom Aussterben bedrohten Sibirischen Tiger
- den Afrikanischen Waldelefanten
- den Erhalt der Tropenwälder.

Aber auch hier bei uns gibt es viel zu tun.
Der Kinderclub des WWF heißt **Young Panda**.
Es gibt auch eine Zeitung mit diesem Namen.

Greenpeace (sprich: Grienpies)
ist berühmt für seine mutigen Aktionen in der ganzen Welt. Es ist die bekannteste Umwelt-Organisation, bei der auch Kinder mitmachen können.
Die Kindergruppen, die bei Greenpeace aktiv sind, heißen Greenteams.
Ein Greenteam besteht aus ungefähr fünf Kindern im Alter von 10 bis 14 Jahren und einer erwachsenen Begleitperson.
Möchtest du etwas für unsere Umwelt tun?
Informationen findest du im Internet:
www.greenpeace.de oder per Post
Greenpeace e. V.,
Kinder- und Jugendprojekte,
22767 Hamburg,
Große Elbstraße 39

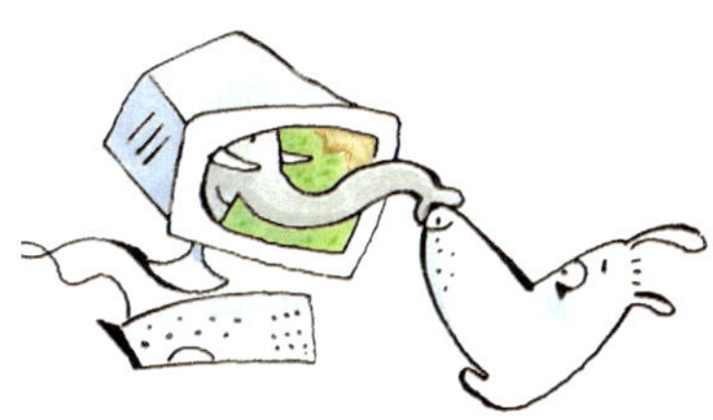

✣ 1. Finde die wichtigsten Informationen zu Greenpeace, dem Rudi-Rotbein-Club und dem WWF heraus. Nutzt die Folie zum Unterstreichen.
Wenn ihr weitere Informationen braucht, wendet euch an die Organisationen.

2. Sprecht in der Klasse darüber: Was könnt ihr tun, damit es der Natur in eurem unmittelbaren Umfeld besser geht und unsere Umwelt geschützt wird?

Werbeplakate für eine gute Sache

Tipps für euer Plakat:

- Ein Plakat braucht eine große, peppige Schrift, damit die Leute merken: Keine Werbung!
- Formuliert kurz und knackig. Schreibt keine Romane, denn die werden zu Hause gelesen.
- Illustriert es mit auffallenden Farben. Es kann auch ein Comic werden. Auch Fotos oder Collagen ziehen den Blick auf sich.
- Hängt die Plakate an Stellen auf, an denen viele Leute vorbeikommen – in der Nähe von Einkaufsmärkten, beim Friseur, beim Arzt. Holt euch aber vorher die Erlaubnis dazu.

* BSR: Berliner Stadtreinigung

✣ Überlegt euch selbst ein pfiffiges Plakat.
Es soll ein Blickfang sein und anderen sagen, wie man Müll und Schmutz vermeiden kann.

So sind die Olchis

Olchis mögen keine Schokolade. Und auch kein Eis und keine Bonbons. Sie mögen keinen Pudding und keine Spagetti. Sie mögen überhaupt nichts von den Sachen, die uns gut schmecken. Olchis mögen viel lieber scharfe Sachen und Fauliges und Bitteres. Sie kauen gern alte Gummireifen, knabbern an verrosteten Blechbüchsen und pudern sich mit einer Dose Pfeffer! Ihre scharfen Zähne knacken Glas und Metall. Wenn etwas stinkt, dann sagen sie: „Mmm! Riecht das aber olchig!“ Sie atmen dann tief ein, so wie wir, wenn es nach frischem Gras und Bäumen duftet. Olchis wühlen gern in Müllbergen. Sie holen sich leckere Sachen aus dem Müll. Und sie freuen sich, wenn sie etwas finden, das schön stinkig, grindig und vergammelt ist. Zum Beispiel eine uralte Flasche mit einem Rest Haarshampoon. Das trinken sie besonders gern. Oder Büchsen mit alten Farbresten und Terpentin und Benzin. Die Olchis wohnen oft in der Nähe von Müllplätzen und Abfallgruben. Auch nahe den Autobahnen graben sie sich ihre Höhlen, weil sie die Auspuffgase so gern riechen. Wenn die Autos vorbeibrausen und die Luft stickig wird vom Autodreck, sagt die Olchi-Mama zu ihren Kindern: „Heiliger Müllsack, ist das nicht ein Lüftchen! Schnauft mal tief durch!“ Dann schließen die Olchi-Kinder ihre Augen und recken ihre dicken Nasen in die Luft. Die Olchis selber verströmen auch einen ziemlich olchigen Geruch. So richtig schweflig und faulig und sumpfig. Nur Fliegen mögen den Olchi-Geruch gern. Deshalb sind Olchis immer von Fliegenschwärmen umgeben wie die Kühe in den Ställen. Olchis haben keine Ohren. Dafür wachsen ihnen drei spitze Hörner mitten auf dem Kopf. Mit diesen Hörhörnern hören die Olchis alles. Sie hören auf hundert Meter Entfernung, wie sich ein Regenwurm in die Erde bohrt. Sie hören die Ameisen husten und die Gänseblümchen wachsen. Wenn die Olchis ihre Hörhörner einmal waschen würden, könnten sie noch viel besser hören. Aber Olchis waschen sich nie. Wozu auch? Sie stinken fein und hören gut genug. Olchis sind auch unheimlich stark! Ich habe gehört, dass so ein mittelkleines Olchi-Kind eine Mama und einen Papa hatte, die morgens einfach nicht aus dem Bett wollten. Aber das Olchi-Kind wollte unbedingt mit ihnen Schlamm-Pfützen-Springen. Da hat das mittelkleine Olchi-Kind den Papa und die Mama mitsamt dem Bett hochgehoben und aus der Höhle getragen. Mit einer Hand! Und in die Pfütze gestellt! So stark sind die Olchis. Und obwohl sie so viel Kraft haben, sind sie ziemlich stinkefaul und bequem. Am liebsten liegen sie den ganzen Tag auf einem rostigen Benzinkanister in der Sonne und warten, dass von selbst etwas passiert.

Erhard Dietl

✣ Wähle aus: Lies nach und
- zeichne dann die Olchis.
- gestalte sie aus Müllmaterialien.
- suche einen Platz in deiner Umgebung, an dem sie sich besonders wohl fühlen.

Zum Beispiel der Fluss

Der Fluss schaukelt Schiffe und
Kähne
geduldig und sanft
auf den Wellen dahin
und trägt sie ans Ziel ihrer Reise.

Er wird nicht gefragt,
nicht bezahlt, nicht geehrt;
er müht sich,
und weißt du, wie leise?

Gottfried Herold

Grieselbach-Gedicht

Wasser rinne nicht so schnell davon,
bleibe länger bei uns.
Durch Bäume, durch Wiesen, durch Auen,
wie du, Wasser, fließt, ist es gut.
Der Weg, den du ganz von selbst nimmst,
ist der schönste Weg.

Friedensreich Hundertwasser

Das Wasser sucht sich seinen Weg

Wenn du in einen Bach oder einen Fluss spuckst, kannst du ziemlich sicher sein, dass deine Spucke irgendwann einmal zum Meer gelangt. Alle Flüsse fließen zum Meer, wenn auch nicht auf dem kürzesten Weg und nicht mit gleicher Geschwindigkeit. Dort wo es steil ist, strömt das Wasser schneller, wo es flach ist, wird der Fluss breit und träge, wo ein Berg ist, weicht das Wasser aus. Manche Flüsse haben im Lauf von Jahrtausenden tiefe Schluchten und Täler in das Gestein gegraben. Auch heute noch verwandeln sie unaufhaltsam die Landschaft. Sie führen Sand, Steine und Geröll mit und lagern sie an anderer Stelle wieder ab.

Künstliche Flüsse

Kanäle durchziehen eine Landschaft schnurgerade wie eine Autobahn.
Sie wurden ausgebaggert, um zwei Flüsse oder zwei Meere auf dem kürzesten Weg miteinander zu verbinden. Für die Schifffahrt sind sie von großem Vorteil.
Fische, Vögel und Wasserpflanzen dagegen fühlen sich wohler in einem natürlichen Fluss mit seinen Windungen und Nischen.

✣ Ein Sachtext vermittelt Wissen zu einem bestimmten Sachgebiet.
Lies die Sachtexte auf dieser Seite. Finde heraus, welche Informationen du erhältst.

Das Wasser

Vom Himmel fällt der Regen
und macht die Erde nass,
die Steine auf den Wegen,
die Blumen und das Gras.

Die Sonne macht die Runde
im altgewohnten Lauf
und saugt mit ihrem Munde
das Wasser wieder auf.

Das Wasser steigt zum Himmel
und wallt dort hin und her,
da gibt es ein Gewimmel
von Wolken grau und schwer.

Die Wolken werden nasser
und brechen auseinand,
und wieder fällt das Wasser
als Regen auf das Land.

Der Regen fällt ins Freie,
und wieder saugt das Licht,
die Wolke wächst aufs Neue,
bis dass sie wieder bricht.

So geht des Wassers Weise,
es fällt, es steigt, es sinkt
in ewig gleichem Kreise
und alles, alles trinkt!

James Krüss

Das Wassertröpfchen

Tröpflein muss zur Erde fallen,
muss das zarte Blümchen netzen,
muss mit Quellen weiter wallen,
muss das Fischlein auch ergötzen,
muss im Bach die Mühle schlagen,
muss im Strom die Schiffe tragen.
Und wo wären denn die Meere,
wenn nicht erst das Tröpflein wäre.

✜ 1. Wähle dir auf den Seiten 124 oder 125 ein Gedicht aus.
Lies es. Achte dabei besonders auf die Sprache und ihren Klang.
Was fällt dir auf?

2. Vergleiche die Gedichte und die Sachtexte auf den Seiten 124 und 125.
Welche Unterschiede bemerkst du?

Lied der Sonne

Ich bin die Mutter Sonne und trage
die Erde bei Nacht, die Erde bei Tage.
Ich halte sie fest und strahle sie an,
dass alles auf ihr wachsen kann.
Stein und Blume, Mensch und Tier,
alles empfängt sein Licht von mir.

Christian Morgenstern

Wusstest du schon?

Kinder stellen viele Fragen,
auf die andre Antwort sagen.
Fragen dies und fragen das –
fragen macht sogar noch Spaß.

Monika Thieme

Warum spuckt die Erde Feuer?

Vulkan Eldfell auf der Insel Heimaey, Island

Die Erde war einmal ein glühender Feuerball. Im kalten Weltall kühlte sie allmählich ab. Innen ist unser Planet immer noch sehr heiß. Flüssiges Gestein – es heißt Magma – kocht im Inneren.
Beim Abkühlen hat die Erde eine Kruste bekommen – wie ein Pudding eine Haut bekommt, wenn er erkaltet. Auf dieser Kruste befinden sich die Kontinente und Ozeane. An einigen Stellen der Erde ist diese Kruste sehr dünn. Sie kann durch das gasreiche Magma, das einen ungeheuren Druck ausübt, aufgerissen werden. Dann entsteht ein Vulkan. Zur Zeit gibt es auf der Erde etwa noch 500 tätige Vulkane.

Brodelnder Lavastrom

Sobald das Magma ausgetreten ist, heißt es Lava. Die brodelnde Lava erstarrt allmählich und bildet bizarre Felsen oder Berge. Bei einem Vulkanausbruch können außerdem Gase, Asche und Steine herausgeschleudert werden. Die großen Steine nennt man Bomben.
Gefährlich sind Vulkane, in denen sehr zähflüssiges Magma aufsteigt. Das Magma kann den Schlot des Vulkans verstopfen. Darunter bildet sich ein starker Druck. Und irgendwann wird der Pfropfen herausgesprengt. Es gibt eine starke Explosion und große Mengen Lava können hervorspritzen.

Der letzte Vulkanausbruch in Deutschland war vor über 10 000 Jahren in der Eifel. Damals explodierte der Laacher-See-Vulkan mit enormer Wucht. Es schoss so viel Asche und Gestein hervor wie in 1000 Güterwagen passen. Falls in der Eifel noch mal ein Vulkan ausbricht, dann ganz bestimmt erst in sehr ferner Zukunft. Keiner der Menschen heute wird es erleben.

Ein Maarsee in der Vulkaneifel – ein ehemaliger Vulkan

✤ Lies erst den Text genau. Entscheide dann.

Magma ist
- der Name eines alten Vulkans.
- das flüssige, kochende Gestein.
- der Name für die Wissenschaft von den Vulkanen.

Lava ist
- die Bezeichnung für den Vulkanausbruch.
- der Name für große Steine.
- aus dem Vulkan getretenes, erstarrtes Magma.

Gibt es eine Brille für Hunde?

Wusstest du, dass auf der Welt etwa alle zwei Minuten eine Erfindung registriert wird? Die verrücktesten Dinge sind darunter!

Schreiende Unterhose

Wer sich bis auf die Unterhose auszieht, bekommt was zu hören: Die ulkige Erfindung von Emmanuel Claude stößt einen Tarzanschrei aus. Dafür sorgt eine lichtempfindliche Fotozelle. Sie reagiert, sobald Licht auf die Unterhose fällt.

Fliegendes Auto

Mit 90 Kilometern pro Stunde tuckert eine Ente von Claude Lecerf durch die Lüfte. Seine Flug-Ente kann sogar auf dem Wasser landen!

Brille für Hunde

Die französische Optikerin Denise Lemiere erfand 1975 die erste Hundebrille.

Automatische Katzentoilette

Albert Loctin hat ein modernes Katzenklo erfunden. Wenn die Katze das Klo verlassen hat, müssen Frauchen oder Herrchen nur noch die Türe schließen. Auf Knopfdruck beginnt die automatische Reinigung.

Garten-Postkarte

Die kuriose Erfindung stammt von Marthe Ratti: Eine kleine Tasche auf der Postkarte enthält Spezialerde mit Blumensamen. Wird die Post begossen, sprießen daraus nach drei Tagen Blumen.

✣ 1. Lies die Erfindung vor, die dir besonders seltsam vorkommt. Begründe.

2. Hast du auch so eine tolle Idee?
   Beschreibe oder bastle deine Erfindung und stelle sie vor.

Aus Professor Tüftels Wörterbuch

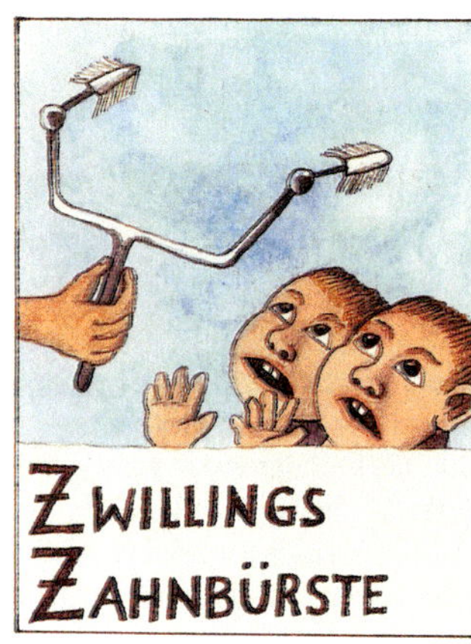

Gerald Jatzek

✤ Denke dir eine ähnliche Erfindung aus und zeichne sie.
Wenn ihr gemeinsam arbeitet, entsteht vielleicht ein ganzes Erfinder-Abc.

Computer überall – Wo braucht man sie?

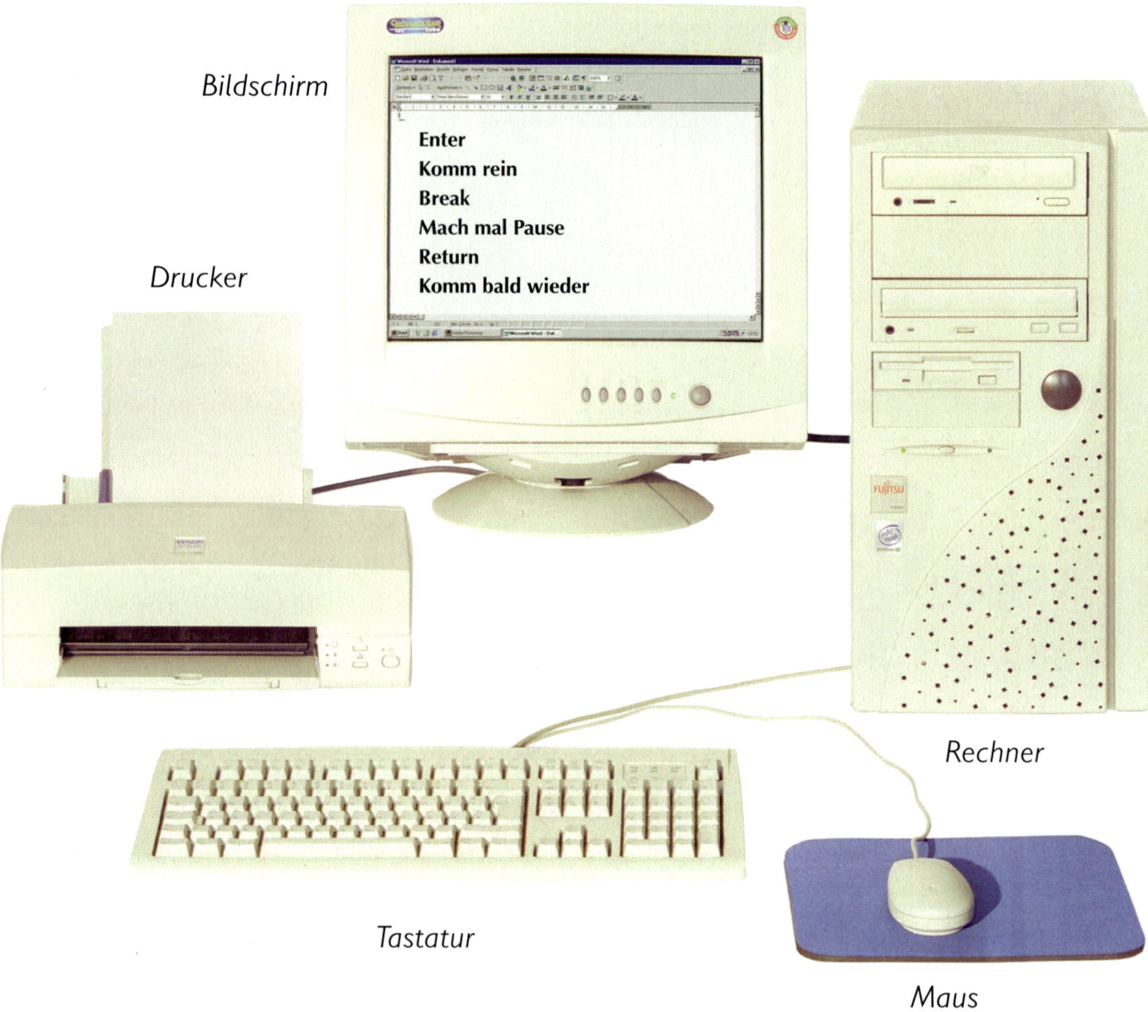

Der Computer ist aus unserem Leben nicht mehr wegzudenken.
Er kann Flugzeuge lenken, Rechnungen schreiben, Fingerabdrücke vergleichen, Zeichnungen anfertigen und vieles mehr.
Dabei ist er eigentlich bloß eine Rechen-Maschine.
Die Welt besteht für ihn aus Zahlen. Ob Buchstaben oder Bilder – alles muss er in Zahlen umwandeln.
Er zählt sie zusammen, zieht sie voneinander ab, vergleicht sie … und zwar mit enormer Geschwindigkeit.
Millionen solcher Rechnungen schafft er in einer Sekunde.
Auf diese Weise kann er die kompliziertesten Aufgaben lösen.

CD-ROM

Der Computer übernimmt heute viel Arbeit, die früher von Menschen getan wurde. Es sind nur wenige Menschen nötig, um die gewaltigen Maschinen zu bedienen. Wie von Geisterhand bewegen sich Förderbänder, Kräne und Greifarme in den großen Fabrikhallen.

Ohne Computer wäre es kaum möglich, das Wetter für mehrere Tage vorherzusagen. Tausende Mathematiker müssten immerzu rechnen und rechnen, denn von den Wetter-Stationen in aller Welt kommen viele Zahlen: Luftdruck, Niederschlagsmenge, Temperatur, Windstärke ... Die Computer verarbeiten all diese Daten im Nu zu farbigen Wetterkarten. Die Metereologen lesen daraus das Wetter ab.

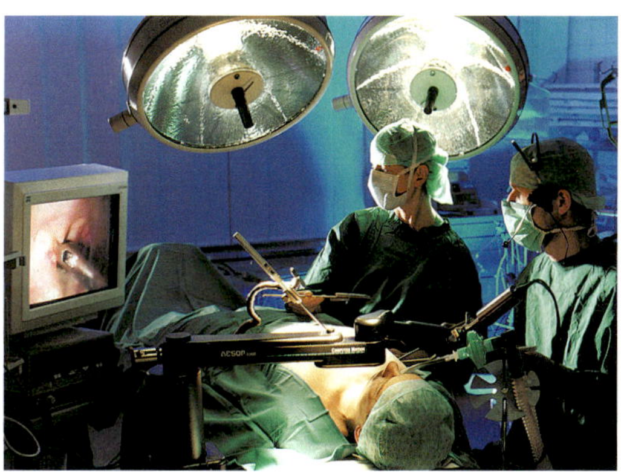

Bei komplizierten Untersuchungen und Operationen arbeiten die Ärztinnen und Ärzte heute mit dem Computer. Sie machen nur kleine Schnitte in die Haut. Mit dünnen Röhren dringen sie in den Körper des Patienten ein. Der Computer zeigt das Innere des Körpers. Durch die winzigen Kanäle können die Ärzte im Körperinneren auch operieren. Auf dem Bildschirm beobachten sie genau, was passiert.

✤ 1. Lies im Text nach, was ein Computer kann.
Lege dann deine Folie auf und unterstreiche diese Textstellen.

2. Befrage deine Eltern, ob in ihrem Beruf der Computer wichtig ist.

3. Benutzt du bereits einen Computer? Wozu?

Verstehst du diese Begriffe?

Absturz
Wenn der Computer nicht mehr reagiert, spricht man von einem Absturz. Du musst ihn neu starten.

CD-ROM
Eine CD ist eine silbrig, blau oder golden glänzende Scheibe, auf der allerlei gespeichert sein kann, zum Beispiel Musik, Fotos, Programme, Spiele.

Eine **E-Mail**
ist eine elektronische Post, mit der du deine Nachrichten und Mitteilungen von einem zum anderen Computer über die Telefonleitung schickst.

Maus
Mit der Maus kannst du den Pfeil (Cursor) auf dem Monitor hin und her bewegen und damit den Computer dazu bringen, das zu tun, was du willst.

Ordner
Eine Art Behälter des Betriebssystems, in dem du alle Dateien ablegen kannst, die zusammengehören.

Papierkorb
Ein Ordner, in den du Dateien schieben kannst, die du nicht mehr brauchst.

Passwort
Ein Passwort ist ein geheimer Name, den nur du kennst.

✤ Lies die Worterklärungen. Entscheide.

Ist ***E-Mail***

A ein elektronischer Brief, der durch den Computer befördert wird?

B eine Magnetplatte, die Informationen speichert?

C eine Anweisung, die dem Computer sagt, was er zu tun hat?

Ist ***Maus***

A ein kleines Bild auf dem Monitor, das wie eine Maus aussieht?

B ein Lesezeichen, das die Form einer Maus hat?

C ein handgesteuertes Gerät, mit dem man den kleinen Mauszeiger (Cursor) auf dem Monitor bewegt?

Ist ***Passwort***

A ein geheimer Name, den nur du kennst?

B eine Titelzeile einer E-Mail-Nachricht?

C ein Text, der eine Liste von Befehlen an den Computer enthält?

Ist ***Absturz***

A ein durch Drücken der Entertaste abgeschlossener Textabschnitt?

B ein plötzliches Abbrechen der Arbeit des Computers?

C ein Vorgang, durch den man eine Auskunft aus dem Computer holen kann?

Björn

Björn hat sich zwei Finger der rechten Hand gebrochen. Sein Arm wurde eingegipst. Er freut sich. Die Ärztin wundert sich, aber Björn kann es ihr erklären: Endlich kann er seine Hausaufgaben mit dem Computer machen.

Zu Hause setzte sich Björn sofort an den Computer, um den Aufsatz mit der linken Hand zu tippen. Die Überschrift hieß: „Als ich einmal ganz fiel Glück hatte." Björn blickte das f an und löschte es. Dann tippte er ein v ein. So: „Als ich einmal ganz viel Glück hatte." Eigentlich wollte Björn einen Aufsatz über seinen letzten Kirmesbesuch schreiben. Er hatte mit einem Los den Hauptgewinn gezogen. Einen riesigen Löwen. Jetzt schrieb Björn einen Aufsatz über einen Fahrradunfall, bei dem er sich zwei Finger gebrochen hatte. Das war zwar noch kein Glück. Aber wenn man bedachte, dass er von nun an seine Hausaufgaben am Computer schreiben durfte ... Vielleicht gefiel es ja seiner Lehrerin. Vielleicht würde er in Zukunft immer alles am Computer schreiben ... Björn stellte sich das toll vor. Nie wieder eine Fünf für Handschrift. Nie wieder Tintenkiller oder Radiergummi. Björn machte die Geschichte extra spannend. Zuerst schrieb er über seinen doofen Füller. Dann über sein Fahrrad, in dem jetzt leider eine Acht war. Es wurde der längste Aufsatz seines Lebens. Siebenhundertsiebenundsiebzig Wörter. Dreitausendzweihundertfünfunddreißig Buchstaben. Kurz: ganze vier Seiten. Björns Kater Kalle lag die ganze Zeit neben Björns rechtem Arm und guckte auf den Bildschirm. Er fand es aufregend, wenn plötzlich wie aus dem Nichts Buchstaben erschienen. Er hatte nur mitgekriegt, dass eine Maus dabei eine Rolle spielte. Doch gesehen hatte er sie nie. Stolz zeigte Björn auf seine Geschichte. „Na, Kalle, wie findest du das? Mein bester Aufsatz. Das gibt eine Eins. Wetten wir? Die erste Eins meines Lebens." Kalle schnurrte. Dann, als Björn gerade auf „Speichern" drücken wollte, glaubte Kalle die Maus zu sehen. Er sprang hoch. Mit allen vier Pfoten landete er auf der Tastatur. „Nein!", schrie Björn. Erschrocken hüpfte Kalle hoch und sprang noch einmal auf die Tasten. Björn starrte fassungslos auf den Computer. Der Text auf dem Bildschirm verschwand. Kalle verkroch sich schuldbewusst in seiner Ecke. Björn drückte „F 12" und „Drucken" und „F 9". Dann „Zeige alles". Aber sein Aufsatz war weg. Alle siebenhundertsiebenundsiebzig Wörter. Alle dreitausendzweihundertfünfunddreißig Buchstaben. Die ganzen vier Seiten. Einfach weg. Björn hätte heulen können.

Klaus-Peter Wolf

❖ 1. Überlege dir eine passendere Überschrift zu diesem Text.

2. Lies die Textstelle vor, die genau zur Illustration passt.

Kann ich zaubern lernen?

Na klar, aber du musst einige Regeln beachten:

– Übung macht den Meister, deshalb übe ausreichend, bevor du einen Trick vor Zuschauern zeigst.
– Die Wahl des richtigen Standortes ist wichtig. Du solltest nicht so vor den Zuschauern stehen, dass sie dich bei dem Trick beobachten können.
– Willst du die magischen Kräfte behalten, so verrate deine Tricks nicht.
– Einen Zauberstab, einen Zylinder und einen Zauberumhang solltest du nicht vergessen.
– Dein Zauberkunststück sollte immer in ruhigen Bewegungen ablaufen. Wenn einmal etwas schief geht, so sage einfach einen schönen Zauberspruch auf.

Zaubersprüche – selbst gemacht

Hokus-pokus-fidibus, dreimal …

Hokuspokus, Hexenschuss
deine Kraft verschwinden muss!

Hokuspokus, Mäusespeck!
Diese Münze ist jetzt weg!

Mäusedreck,
Leberfleck,
meck meck meck,
der Stein ist weg!

Ene, mene Krullekraus,
Zauberschrift,
komm jetzt heraus!

Hokus-pokus-fidibus,
dreimal …

Elfenkönig,
Affenei,
Gnomenvolk,
Schneckenbrei
Zauberkarte
komm herbei!

Riesendrachen,
Lindwurmkopf,
Dracula,
Rapunzelzopf
komm heraus
aus meinem Topf!

✣ Zu welchen Zaubertricks könnten diese Zaubersprüche passen? Denke dir selbst so einen Zauberspruch aus.

Postkartentrick

Du brauchst: Postkarte, Schere

So führst du den Trick vor: Der Zauberer zeigt seinen Zuschauern eine ganz normale Postkarte. „Ich werde euch jetzt zeigen, dass ich dank meiner Zauberkräfte durch diese kleine Postkarte kriechen kann“, verkündet er. Dann dreht er sich um und spricht seinen Zauberspruch:

Hexentanz und Geisterreigen,
ich will heut ein Kunststück zeigen,
Zauberklang der Teufelsgeigen,
ich kann durch diese Karte steigen.

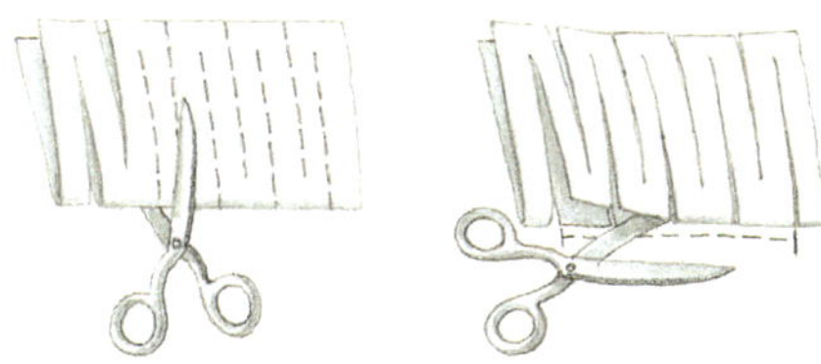

Er wendet sich wieder zu seinen Zuschauern und steigt durch die Karte.

Das tust du, während du den Zuschauern den Rücken zukehrst:

1. Du faltest die Postkarte einmal.
2. Entlang der gestrichelten Linien schneidest du sie ein.
3. Wenn du jetzt die Faltkante aufschneidest, darfst du auf keinen Fall die beiden Randstreifen zerschneiden.
4. Nun faltest du die Karte auf und steigst durch sie hindurch.

Zaubertinte

Zaubertinte kannst du aus Spucke, Wein-Essig, Zwiebelsaft, Zitronensaft oder Apfelsaft herstellen. Die unsichtbare Schrift taucht erst auf, wenn man das Papier vorsichtig erwärmt oder bügelt. Zwiebelsaft wird schwarz, Zitronensaft braun und Wein-Essig rot.
Ein Tipp: Raues, weißes Papier saugt die Tinte am besten auf.

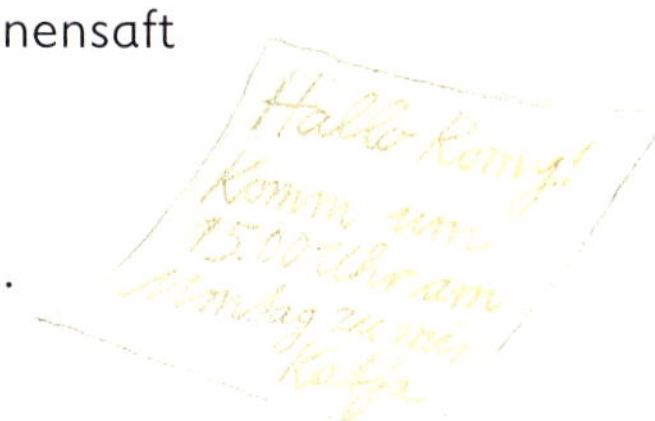

Du kannst deine geheime Nachricht auch mit einer dünnen, weißen Kerze auf weißes Papier schreiben. Die unsichtbaren Wachszeichen werden erst durch einen Trick lesbar: Streue feinen Pulverkaffee oder farbigen Kreidestaub über das Blatt und schüttle es leicht. Die Pulverkörnchen bleiben am Wachs hängen. Die geheime Botschaft wird sichtbar.

✤ Probiert diese Zaubertricks aus. Sucht weitere Zaubertricks in Zauberkästen oder -büchern. Vielleicht entsteht ein kleines Zauberprogramm in eurer Klasse, das ihr auf dem nächsten Schulfest vorführen könnt.

Wozu brauchen die Eskimos Bügeleisen?

Käpt'n Blaubär, ein alter Seebär, erzählt seinen Enkeln gern Geschichten und Abenteuer, in denen er ihnen viele Dinge der Welt erklären möchte. Du kannst seine Erzählungen in mehreren Büchern nachlesen oder auch auf seinen Videokassetten verfolgen.

„Da schipperte ich also durch die gefürchtete Nordpassage mit 'ner ganzen Ladung Bügeleisen an Bord für die Eskimos …"
„Bü-gel-ei-sen?", fragen die Bärchen, stöhnen laut und klappern mit Messer und Gabel. „Ja, natürlich." Opa Blaubär weiß gar nicht, was es da zu stöhnen gibt. „Bügeleisen für die Eskimos." – „Es-ki-mos?", fragen die Bärchen, stöhnen laut und klappern mit Messer und Gabel. „Allerdings", brummt Opa kurz angebunden. „Eskimos tragen meines Wissens Pelze", und die anderen stimmen sofort zu, genau, so ist es, und Pelze werden nicht gebügelt, das wüsste schließlich jeder Grottenolm. „Nein, für die Pelze nicht", schnaubt Opa Blaubär, dafür brauchten die Eskimos tatsächlich keine Bügeleisen, die brauchten die für die Plattfische.
„Platt-fi-sche?", fragen die Bärchen, stöhnen wieder laut und klappern.
„Allerdings! Wenn sich ein Eskimo so 'n Fisch aus dem Eisloch angelt, ist der nämlich tiefgefroren und in vielen Fällen nicht mal richtig platt. Da legt der Eskimo den Fisch dann einfach auf sein Bügelbrett, einmal, zack, mit 'nem heißen Bügeleisen drüber, zack, schon ist der Fisch platt und gebraten. Alter Eskimotrick. So schnell geht das, 'ne Art Mikrowelle der Arktis.
Ja, da seid ihr platt, was?" –
„Und wie!", rufen die Bärchen.

Bernd Lassahn

✤ Was meinst du dazu?

Mit Tieren leben

Der Eber ist stets missgestimmt,
weil seine Kinder Ferkel sind.
Nicht nur die Frau, die Sau alleine,
auch die Verwandten – alles Schweine.

Das Hausschwein

Schweine gehören zu unseren ältesten Haustieren.
Schon vor vielen tausend Jahren wurden wilde Schweine gezähmt.
Das männliche Schwein wird als Eber bezeichnet. Es besitzt meist zwei große spitze Eckzähne, die Hauer. Das weibliche Schwein heißt Sau. Die Jungtiere nennt man Ferkel.

Ein Schwein kann 15 Jahre alt werden, doch meistens lebt es weniger als ein halbes Jahr. So lange dauert es, bis aus einem Ferkel ein schlachtreifes Tier von gut 100 Kilo geworden ist.

Ein Schwein frisst nahezu alles: Kartoffeln, Rüben, Mais, geschrotetes Getreide. Mit seiner Nase, dem Rüssel, wühlt das Schwein im Boden herum.
Dort findet es Regenwürmer, Schnecken und Wurzeln, die es sehr gern frisst. Es säuft mindestens 10 Liter Wasser am Tag.

Das erwachsene Schwein wiegt bis zu 400 Kilo. Sein Körper ist gedrungen, zwischen 50 und 180 cm lang.
Es hat einen großen Kopf mit kurzem Hals. Mit seinen kleinen Augen sieht es nicht sehr gut, doch es hat ein ausgezeichnetes Gehör.

Die Tragezeit der Sau beträgt 112 bis 116 Tage. Zweimal pro Jahr wirft sie 4 bis 12 Ferkel. Je nach Rasse sehen Schweine rosa, schwarz, weiß oder gefleckt aus.

Schweine lieben es, sich ausgiebig zu suhlen.
Der Schlamm ist gut für ihre empfindliche Haut.
Er schützt vor Ungeziefer und Sonnenbrand.

Das Schwein ist als Fleischlieferant sehr beliebt. Fast 40 Kilo Fleisch und Wurst isst jeder von uns in einem Jahr. Die Haut der Schweine wird zu Leder verarbeitet, zum Beispiel für Schuhe, Handschuhe, Büchereinbände, Sitzmöbel oder Koffer. Schweine sind für die Lederproduktion allerdings nicht so bedeutsam wie Rinder. Die Borsten der Schweine wurden früher gefärbt und zu Fußmatten, Schuhabtretern oder Ähnlichem verarbeitet.
Heutzutage werden sie zur Herstellung von Kleider- und Schuhbürsten und Malpinseln verwendet.
Hufe werden zu Hornspänen zermahlen und dienen im Garten als Düngemittel. Aus den Knochen lassen sich Leim und Seife herstellen.
Das Fett wird zu Nahrungsfett, zum Beispiel Schmalz, weiterverarbeitet.

Das Hausschwein

Familie: Eber (Vatertier), ...
(Vater-, Mutter- und Jungtier)

Alter: kann 15 Jahre alt werden, meist nur ein halbes Jahr

Nahrung:

Aussehen:

Fortpflanzung:

Lieblingsbeschäftigung:

Nutzen:

1. Lies den Text aufmerksam durch. Ordne jedem Abschnitt eine Teilüberschrift zu.
2. Fertige dann einen Steckbrief für das Hausschwein an. Notiere wichtige Angaben in Stichpunkten.

Schwein gehabt

Wir haben zu Hause ein Schwein. Ich meine damit nicht meine kleine Schwester, sondern ein richtiges Schwein, das auf den Namen Rudi Rüssel hört. Wie wir zu dem Schwein gekommen sind? Das ist eine lange Geschichte.

Zwei Jahre ist das her, da fuhren wir an einem Sonntag aufs Land. Wir, das sind meine Mutter, mein Vater, meine Schwester Betti, die nur ein Jahr jünger ist als ich, und Zuppi, meine kleine Schwester. Wir fuhren in die Lüneburger Heide, und dann begann das, was wir Kinder überhaupt nicht mögen – es wurde gewandert. Fürchterlich. Wir latschten durch die Gegend, und Vater und Mutter sagten alle naslang: „Guckt mal da, wie schön." Sie blieben dann jedes Mal stehen und zeigten auf irgendeinen Hügel oder Baum. Sie erwarteten, dass wir staunten. Aber was soll man schon zu einem Hügel sagen? Und weil wir dann immer sagten, wir wollen eine Limo, wurde Mutter langsam böse und meinte, wir sollten gefälligst etwas laufen. Dabei taten uns schon die Beine weh und Zuppi quengelte, sie könne nicht mehr laufen. Daraufhin nahm Vater sie auf die Schultern und stapfte durch die sandigen Wege, schwitzte und redete nicht mehr von der Schönheit der Landschaft.

Endlich kamen wir nach Hörpel, einem kleinen Dorf. In einem Gasthof wurde gerade ein Fest gefeiert. Die Dorffeuerwehr hatte ihr 50-jähriges Jubiläum. Unter den Kastanienbäumen saßen die Leute an langen Holztischen, tranken Bier und aßen Bratwürstchen. Auf einem Podium spielte eine Blaskapelle. Wir konnten uns endlich hinsetzen und bekamen unsere Limo. Irgendwann hörte die Kapelle auf zu spielen, und ein Mann in Feuerwehruniform ging zum Mikrofon und sagte: „Jetzt beginnt unsere Tombola. Jeder, der ein Los kauft, hilft damit, dass wir uns einen neuen Hochdruckschlauch kaufen können. Es gibt sehr viele kleine und einen sehr nahrhaften Hauptpreis." Dann kam ein Mann an unseren Tisch mit einem kleinen Eimer in der Hand, und darin waren die Lose. Jeder von uns durfte sich eins kaufen. Mein Los war eine Niete. Betti bekam einen Trostpreis, einen Fahrradwimpel mit der Aufschrift: Freiwillige Feuerwehr Hörpel. Zuppi zog eine rote Nummer. Als die Lose verkauft waren, rannte sie damit nach vorn, zum Podium. Der Feuerwehrmann ließ sich das Los zeigen und rief: „Die Nummer 33! Hier ist die Gewinnerin des Hauptpreises!

Wie alt bist du?" – „Sechs." – „Gehst du schon zur Schule?" – „Nein, ich bin erst vor zwei Wochen sechs geworden." – „Weißt du, was du gewonnen hast?" – „Nein."– „Du hast Schwein. Du hast nämlich ein kleines Schwein gewonnen."

Und dann hob der Mann ein Ferkel aus der Kiste und drückte es Zuppi in die Arme. Die Leute klatschten und lachten. Zuppi schleppte breit grinsend das Ferkel zu unserem Tisch und setzte es Mutter auf den Schoß. Es war ein sauberes rosiges Tier, mit einer dicken Schnauze, kleinen flinken Äuglein und großen Schlappohren. Es sah wirklich niedlich aus, trotzdem machte Vater ein finsteres Gesicht. Als ein Bauer, der an unserem Tisch saß, uns zu dem Ferkel gratulierte, lächelte Vater gequält. Man muss wissen, Vater mag keine Haustiere. Tiere gehören nicht ins Haus, sagt er immer.

Und jetzt hatte Mutter dieses Ferkel auf dem Schoß und kraulte ihm das Schlappohr. „Niedlich, nicht", sagte Zuppi begeistert, „guck mal, dieser kleine Ringelschwanz." Vater nahm die Pfeife aus dem Mund. „Ganz nett", sagte er, „aber wenn wir gehen, dann gibst du das Tier zurück!" –
„Nein", rief Zuppi, „ich hab das gewonnen. Das gehört mir." –
„Wir können das Tier doch nicht mitnehmen." Da begann Zuppi zu weinen, und wenn sie weint, tut sie das ziemlich laut. Von den anderen Tischen sahen sie herüber. Warum weinte das kleine Mädchen, das doch eben ein Glücksschwein gewonnen hatte? Vater, der schon die Hand ausgestreckt hatte, um das Ferkel auf den Boden zu setzen, zog die Hand wieder zurück. Die Leute am Nachbarstisch sahen ihn finster an. Es hatte aber auch so ausgesehen, als habe er dem Ferkel einen Klaps geben wollen. „Gut, gut", sagte Vater, „dann behalte das Vieh erst mal."

Vater zahlte, und wir gingen zum Auto zurück. Wir mussten ziemlich lange laufen, obwohl wir den kürzesten Weg nahmen. Das Ferkel mussten wir tragen. Denn wenn wir es laufen ließen, wollte es uns einfach nicht folgen, sondern rannte mal hierhin und mal dorthin. Es ist erstaunlich, wie schwer Ferkel sind, viel schwerer als gleich große Hunde. Schließlich konnten wir nicht mehr, obwohl wir drei Kinder uns beim Tragen immer abwechselten. Mutter schleppte es eine lange Strecke. Sie trug das Ferkel wie eine Sofarolle unter dem Arm.

Als sie nicht mehr konnte, wollte sie es Vater zum Tragen geben.
Aber der sagte: „Wenn ihr das Tier mitnehmen wollt, dann müsst ihr es auch allein tragen.“ Wir fanden das ziemlich gemein, sagten aber vorsichtshalber nichts. Als wir endlich zum Auto kamen, waren wir fix und fertig.
Mutter nahm das Ferkel auf den Schoß, damit es nicht die Polster schmutzig machte. Dabei war es ganz sauber.

„Schweine sind immer dreckig“, sagte Vater, „sie lieben den Dreck.
Was meint ihr wohl, woher das kommt, wenn man sagt, jemand isst wie ein Schwein, oder das Zimmer ist ein richtiger Schweinestall?“
Es war natürlich klar, was er damit meinte, unser Kinderzimmer natürlich.
Wir waren noch nicht weit gefahren, da schrie Mutter auf. Das Ferkel hatte ihr auf das Kleid gepinkelt.
„Jetzt reicht 's“, sagte Vater. Beim nächsten Bauernhof hielt er an.
„So“, sagte er, „jetzt schenken wir das Ferkel einem Bauern. Schweine gehören aufs Land und nicht in eine Stadtwohnung.“
Zuppi begann zu schreien. Sie kann so laut schreien, dass man sich die Ohren zuhalten muss. „Ruhe“, brüllte Vater. „Schweine werden traurig, wenn sie nur Häuser und keine Felder und Wiesen sehen.“ Zuppi schrie weiter.
„Lass ihr wenigstens ein paar Tage das Ferkel“, sagte Mutter, „sie hat es nun mal gewonnen. Wir können es ja immer noch weggeben.“ – „Also gut, drei Tage darfst du es behalten, dann muss es weg. Was sollen die Leute im Haus denken.“

Uwe Timm

✜ Wenn du wissen möchtest, wie es dem Ferkel in der Wohnung ergeht und wie aus ihm Rennschwein Rudi Rüssel wird, dann kannst du dir das gleichnamige Kinderbuch oder das Video zum Kinofilm ausleihen. Es macht auch Spaß herauszufinden, worin sich Film und Buch unterscheiden.

Vorurteile

Dummes Schwein!?

Schweine sind außerordentlich neugierig und lernen schnell.

Schweine sind saubere Tiere und werden sogar stubenrein. Um die Haut von Insekten zu befreien und sich abzukühlen, wälzen sie sich im Schlamm.

Dreckschwein!?

Faules Schwein!?

Schweine sind aktiv. Sie legen weite Wege zurück, können gut schwimmen und im Schweinsgalopp schnell rennen.

Schweine sind aufmerksam. Eine Sau lässt ihre Jungen zum Beispiel nie aus den Augen.

Das kümmert kein Schwein!?

Stinken wie ein Schwein!?

Alles, was stinkt, ist der Mist im Stall.

Schweine schwitzen so gut wie gar nicht, da sie kaum Schweißdrüsen haben.

Schwitzen wie ein Schwein!?

Sprichwörter und Sprüche vom Schwein

Wenn jemand

sagt: „Ich glaube, mein Schwein pfeift.“,

sich sauwohl fühlt,

armes Schwein genannt wird,

sagt: „Kein Schwein versteht das.“,

sich wie ein Schwein benimmt,

Schwein hat,

Perlen vor die Säue wirft,

verschwendet er etwas Gutes.

so benimmt er sich schlecht.

so versteht niemand etwas.

so hat er viel Glück.

fühlt er sich sehr wohl.

so heißt das: „Das kann ja wohl nicht wahr sein!“

so ist er ein bemitleidenswerter Mensch.

Wahr oder gelogen?

Ina war am Wochenende mit ihren Großeltern im Wildpark. Sie erzählt am nächsten Tag ihrer Freundin vom Ausflug. Doch ein paar Sätze sind geflunkert. Findest du sie? Begründe, warum sie nicht stimmen.

- An der Kasse musste ich warten, bis meine Oma die Karten gekauft hatte. So konnte ich in aller Ruhe die Hängebauchschweine bestaunen.

- Stell dir vor, im Wildpark gibt es ganz viele Schweine mit lustigen Namen und drolligem Aussehen. Am witzigsten fand ich die Pinselohrschweine. Der Name passt zu ihren komisch geformten Ohren.

- Im Cafe hat Opa mir ein Eis gekauft.
  Da war ein Hirschesel zu sehen.
  Der sah auch ganz lustig aus.

- Auf dem Weg zu den Greifvögeln kamen
  wir an vielen Vogelvolieren vorbei.
  Die Männchen sahen immer viel schöner aus.
  Sie hatten leuchtend bunte Federn.

- Vom Laufen taten mir ganz schön die Füße weh.
  Ich habe mich deshalb auf dem Spielplatz ausgeruht.
  Dort hatten die Wollschweine viel Sand aufgewühlt.

Glücksbringer – selbst gebastelt

L

Nun falte die rechte Spitze des Dreiecks nach unten.

K

Male dem Schwein ein lustiges Gesicht.

G

Falte ein Dreieck.

C

Der Schweinekopf ist schon erkennbar. Falte nun die eine Spitze des mittleren Dreiecks nach oben.

Ü

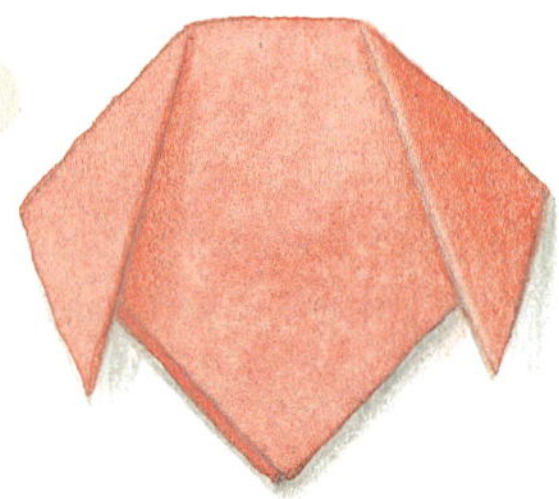

Die linke Spitze falte nun ebenfalls nach unten.

✤ Bastle diesen Glücksbringer. Schreibe einen guten Wunsch hinein und verschenke ihn. Wenn du noch mehr über Glücksbringer erfahren möchtest, lies nochmals auf Seite 79 nach.

Das Meerschweinchen

Meerschweinchen sind seit etwa 400 Jahren bei uns in Europa bekannt.
Die ursprüngliche Heimat der Meerschweinchen liegt in Südamerika.
Dort leben sie tagsüber in Höhlen und gehen nachts auf Nahrungssuche.
Seefahrer brachten die Tiere in Schiffen übers Meer mit nach Europa.
Ihr rundlicher Körper und ihr ständiges Quieken erinnerte an kleine Schweine.
So hatten sie gleich ihren Namen weg: Meerschweinchen.

Die Nahrung besteht aus Gras und vielen frischen Kräutern.
Auch Obst und die meisten Gemüsesorten stehen auf ihrem Speisezettel.

Es gibt Tiere mit kurzem und langem Fell, es kann glatt sein oder lustige Wirbel haben. Manche Tiere sind schwarz, grau, weiß, braun, gelb oder bunt gescheckt.
Wilde Meerschweinchen haben ein glattes, kurzes Fell mit hellbrauner Färbung.

Meerschweinchen kommen fix und fertig zur Welt. Sie haben dichtes Fell und können von Anfang an gut sehen, hören und riechen. Auch ihr Gebiss ist schon ausgebildet. Ihre Milchzähne verlieren sie nämlich noch im Mutterleib, etwa 14 Tage vor der Geburt.

Meerschweinchen schlafen nachts 6 bis 8 Stunden und sind am Tage munter.
Oft legen sie aber auch tagsüber ein Schläfchen ein. Bei ungewohnten Geräuschen heben die Meerschweinchen blitzschnell den Kopf und warnen mit mehreren schrillen Pfiffen.

Nahrung   Aussehen

Besonderheiten   Fortpflanzung   Ursprung/Herkunft

✣ 1. Erkläre mit deinen Worten, wie das Meerschweinchen zu seinem Namen kam.

2. Überlege nun, welche Teilüberschrift zu welchem Abschnitt passt. Begründe.

3. Fertige mit diesen Angaben und den wichtigsten Stichpunkten einen Steckbrief an.
   Lies noch einmal auf Seite 141 nach.

Noch mehr Schweinchen

Jan-Arnes Freundin Liane kommt zu Besuch. Sie hat jetzt auch ein Meerschweinchen, das Mucki heißt, und da müssen Mucki und King-Kong sich doch unbedingt kennen lernen! Aber Mama hat Jan-Arne extra gewarnt: Mucki ist ein Männchen und King-Kong ein Weibchen, sie sollen die beiden bloß nicht zusammenlassen, sonst kriegt King-Kong womöglich noch Junge, noch mehr Schweine können sie wirklich nicht brauchen!
Aber dann lassen sie die Meerschweinchen doch frei im Zimmer herumlaufen, denn Liane glaubt nicht, dass was passieren kann. Schließlich kennen King-Kong und Mucki sich doch überhaupt nicht und sind auch gar nicht ineinander verliebt! Ein paar Wochen später ist King-Kong ziemlich fett geworden, und zuerst glaubt Jan-Arne, dass er vielleicht zu viele Kekse frisst – aber dann sieht er noch mal genauer hin …

Nur an den Seiten ist King-Kong dick.
Rechts und links an den Seiten.
Als wenn er drei dicke Bäuche hätte
statt einem. „Mensch, King-Kong“,
flüstert Jan-Arne erschrocken.
„Ach, Mensch, du, King-Kong!“
Und dann stürzt er auf den Flur
zum Telefon. Also hatte Mama
doch Recht!
Und King-Kong hat ihn beschummelt.
Jan-Arne hätte nicht auf Liane hören sollen.
Aber nun ist es sowieso zu spät.

„Liane?“, flüstert Jan-Arne
durch den Telefonhörer.
„Sie haben es doch gemacht!
Und jetzt kriegt King-Kong Junge!“ –
„Was haben sie gemacht?“,
fragt Liane am anderen Ende.
„Wer hat was gemacht?
Bist du das Jan-Arne?“ –
„Natürlich bin ich das, du Dummi!“,
flüstert Jan-Arne.

Mama mag es gar nicht, wenn er einfach so telefoniert. Jan-Arne muss vorher immer erst fragen. Immer wenn sie Jan-Arne am Telefon hört, kommt sie sofort auf den Flur gerannt.

„Jan-Arne?“, sagt Mama da auch schon.
„Mit wem telefonierst du denn da? Du weißt doch, dass du mir vorher Bescheid sagen sollst!“ –
„Ach, das ist ja nur Liane!“, sagt Jan-Arne schnell.
„Und ich war sowieso schon fertig, Mama. Tschüss, Liane, bis bald!“
Und Jan-Arne legt ganz schnell den Hörer auf die Gabel.
Wenn Mama zuhört, kann er Liane sowieso nichts erzählen.

„Warum rufst du denn plötzlich Liane an?“, fragt Mama verblüfft.
„Wollt ihr euch mal wieder treffen? Das brauchst du mir doch nur zu sagen! Ich mach dann was mit ihrer Mutter ab!“ –
„Ach nee, ist gar nicht nötig, Mama“, sagt Jan-Arne schnell und ist schon halb wieder in seinem Zimmer. „Wir haben schon alles besprochen.“
Dann macht er die Tür zu und setzt sich auf den Boden.
„Ach, Mensch, King-Kong“, sagt Jan-Arne und streichelt dem Schwein über seine drei Bäuche.
„Das war aber wirklich nicht gut von dir, du! Was soll ich denn jetzt Mama und Papa sagen? Wenn du plötzlich Junge kriegst?
Wo Mama mich extra gewarnt hat!“ Aber King-Kong schnurrt ganz zufrieden in seiner Armbeuge und gibt keine Antwort.

Kirsten Boie

Jan-Arne und Liane müssen an diesem Tag noch eine ganze Menge telefonieren, bis sie endlich Bescheid wissen: Meerschweinchen kriegen ihre Jungen schon nach neun Wochen! Jan-Arne wird ganz mulmig zumute, denn bis dahin sind es nur noch drei Tage, und Mama darf es auf keinen Fall merken …

Traum

Ich träume oft von einem Tier.
Ich träume, es wär mein.
Ich träume dann, es käm zu mir
und sagte: „Sperr mich ein!“

Ich träume, dass es Hunger hat
und Angst, doch nicht vor mir.
Ich träume dann, ich mach es satt
und sag: „Ich bin bei dir!“

Ich streichel es.
Da hält es still, so still.
Ich atme kaum,
weil ich es nie verlassen will,
und wär ’s auch nur im Traum.

Ute Andresen

Bücher, Bücher, ...

Ich nahm das kleine Buch zur Hand.
Mir wurden die Augen groß,
weil alles ringsumher verschwand.
Und schon ging die Reise los.

Frantz Wittkamp

Wir lesen ein Kinderbuch: „Heinrich verkauft Friedrich“

Heinrich hört seine Eltern streiten. Das Geld reicht nicht.
Und dieser Vogel, schreit der Vater, der frisst mir noch die Haare vom Kopf!
Heinrich nimmt Friedrich, den Kanarienvogel, und geht mit ihm zu der großen Kreuzung, dorthin, wo jetzt immer vietnamesische Männer stehen und Zigaretten verkaufen.
Heinrich will Friedrich verkaufen. Für zehn Mark. Es tut mir leid, Friedrich, es tut mir wirklich leid …
Die Männer verkaufen eine Schachtel Zigaretten und noch eine.
Aber keiner will Heinrichs Vogel. Da kommt Onkel Riko. Bisschen lang, bisschen dünn.
Er hat Heinrich den Vogel geschenkt – früher, in dem anderen Jahr.

Onkel Riko geht über die Straße. Heinrich guckt ihm hinterher.
Er sieht Onkel Riko ganz genau. Geht klein wenig krumm.
Geht am Kiosk vorbei. Geht am Briefkasten vorbei.
Geht um ein paar Autos herum. Geht fünf Stufen hoch.
Geht durch die Kneipentür ins „Kapitänshaus“.

Als Heinrich kleiner war, hat er gedacht,
das ganze große Haus
wär das „Kapitänshaus“.
Und darin wohnten hundert Kapitäne
mit weißen Bärten und Gold an der Mütze.

In der Tür vom „Kapitänshaus“ sind
zwei kleine runde Fenster
wie Bullaugen an einem Schiff.
Das gewölbte Fensterglas blinkert in der Sonne.
Heinrich denkt: Ich muss hart bleiben.
Ach Friedrich. Es tut mir so leid.

Das Blinkern hört einen Augenblick auf.
Jemand hat die Tür geöffnet. Kommt Onkel Riko zurück?
Nein, nicht so lang. Nicht so dünn. Kommt aber die fünf Stufen herunter.
Kommt um ein paar Autos herum. Kommt am Briefkasten vorbei.
Am Kiosk vorbei. Kommt über die Straße.
Hat eine Baskenmütze auf. Trägt eine sehr dunkle Sonnenbrille

und um den Hals geschlungen einen leichten bunten Schal.
Unter der Mütze gucken ein paar Locken hervor.
Heinrich möchte weinen. Heinrich möchte lachen.

Kennt er den denn nicht?
Ist das denn nicht – der fremde Herr?
Der fremde Herr spricht ein bisschen
durch die Nase.
Er sagt: Wie? Was? Sie verkaufen Spatzen?
Ich liebe Spatzen.
Ich gebe Ihnen zweiundzwanzig
Pfennige dafür.
Heinrich weiß nicht,
ob er lachen oder weinen soll.
Der fremde Herr zupft am bunten Schal.
Er sagt: Oder vielleicht fünfundzwanzig?
So besonders gut sieht dieser Spatz ja nicht aus!
Jetzt findet auch Heinrich die Wörter wieder.
Er sagt: Das ist kein Spatz!
Das ist ein Kukudu!
Der fremde Herr lacht ein bisschen
durch die Nase.
Er sagt: Monn djöh, monn djöh!
Warum nicht gleich ein Lämmergeier!
Ein Mäusebussard, ein Hühnerhabicht!
Nein, sagt Heinrich fröhlich, er kann ja singen.
Er singt bestimmt besser als Sie!
Das ist zufällig nicht möglich,
sagt der fremde Herr.
Zufällig bin ich der Weltmeister im Singen.
Er breitet die Arme aus wie ein Theatersänger.
Er macht den Mund auf
und singt lautlos.
Heinrich sagt: Es ist ein Kanarienvogel.
Er kostet viel mehr als ein Spatz.

Der fremde Herr sagt: Kanarienvögel sind aber gelb.
Postautos, Vanillepudding, Kanarienvögel sind immer gelb.
Nein, sagt Heinrich, grün ist bloß seltener!
Ja, sagt der fremde Herr, besonders der grüne Vanillepudding!
Heinrich möchte doch lieber lachen als weinen.
Aber er muss hart bleiben. Sind ja harte Zeiten.
Er sagt: Und die seltenen Sachen sind teurer als die gewöhnlichen Sachen.
Er sagt: Der Vogel kostet genau zwölf Mark fünfzig!

Der fremde Herr verdreht die Augen.
Er zählt etwas an den Fingern ab. Er murmelt Zahlen.
Er sagt: Gütiger Himmel! Haben Sie Erbarmen!
Ich habe sieben Kinder! Die brauchen sieben Pfund Lakritze die Woche!
Jetzt tut Heinrich der fremde Herr schon leid.
Friedrich tut ihm beinahe nicht mehr leid.
Für Friedrich wird alles wieder gut werden.
Heinrich sagt: Wie viel können Sie denn geben?
Der fremde Herr sagt: Na ja, elf. Elf.
Gut, geben Sie her, sagt Heinrich.

So viel Geld habe ich nicht mit.
Wir müssen zu mir nach Hause,
sagt der fremde Herr.

Heinrich geht mit dem fremden Herrn.
Rechts hat er ihn angefasst.
Links trägt er Friedrich im Käfig im Kissen.
Der fremde Herr trägt rechts
einen kleinen Blumenstrauß.
So viel Geld hat er noch gehabt.
Friedrich ist ganz still.
Heinrich ist auch ganz still.

Uwe Kant

❖ 1. Lies noch einmal genau nach und überlege: Wer könnte dieser fremde Herr sein? Warum ist er so fröhlich?
2. Willst du die ganze Geschichte lesen, leihe dir in der Bibliothek das gleichnamige Buch aus.

Schmökertipps

Schmöker- oder Lesetipps findet man in Zeitungen, Zeitschriften, Katalogen und im Internet. Ihr könnt sie aber auch selbst schreiben. Schließlich wisst ihr am besten, aus welchen Gründen euch ein Buch gefällt. Schreibt es in einigen Sätzen mit euren Worten auf. Sucht euch dann eine besonders lustige oder spannende Stelle und illustriert sie. Wenn ihr Titel, Autor, Illustrator und Verlag des Buches nicht vergesst, kann sich jeder das Buch in der Bibliothek oder im Buchladen besorgen.

Ein Schriftsteller bei uns zu Gast

Auf den Seiten 154 bis 156 findet ihr einen Auszug aus dem Buch „Heinrich verkauft Friedrich“ von Uwe Kant. Er war in der Klasse 3 a in Fürstenwalde zu Gast und hat dieses Buch vorgestellt. Im Anschluss an die Buchlesung gab es ein Gespräch dazu und die Möglichkeit, viele Fragen zu stellen. Einige Fragen und Antworten hat Frau Gutzmann, die Lehrerin der Klasse 3 a, mitgeschrieben.
Zum Schluss gab es noch für jeden ein Autogramm.

Hatten Sie schon als Kind den Wunsch, Schriftsteller zu werden?

Als Kind wollte ich Förster oder Lokomotivführer werden. Es war die Zeit der großen schwarzen Lokomotiven, aus denen große weiße Dampfwolken quollen. Von einem Beruf namens Schriftsteller hatte ich nie im Leben etwas gehört.

Wie sind Sie dazu gekommen, dann doch Geschichten und Bücher zu schreiben?

Das hat mit dem Lesen angefangen. Wer nicht gerne liest, wird wohl nicht auf die Idee kommen, etwas zu schreiben. Ich las und las und irgendwann versuchte ich, selbst eine Geschichte zu schreiben. Aber ich war schon 25, als mir endlich eine brauchbare gelungen ist. Ein paar Jahre später habe ich mein erstes Buch geschrieben, „Das Klassenfest“. Es war gerade kein Platz im Kindergarten frei, und so passte ich zu Hause auf meinen kleinen Sohn auf und hatte auch noch Zeit, das Buch zu schreiben.

Wie lange schreiben Sie an einer Geschichte?

Beim Hundertmeterlauf gewinnt natürlich der Schnellste. Beim Geschichtenschreiben geht es nicht nach Tempo. Wenn ich eine langweilige Geschichte abliefere, hilft es gar nichts, wenn ich erzähle, nur kurze Zeit dafür gebraucht zu haben. Besser, ich hätte noch eine Woche länger daran gearbeitet. Oder noch einen Monat. Es kann auch Jahre dauern, bis ein Buch fertig ist. Dabei ist das Aufschreiben nicht das Schwierigste, sondern das Ausdenken und Überlegen.

Wie viele Bücher haben Sie geschrieben, und haben Sie auch jedes Buch zu Hause?

Nicht alles steht in Büchern; manches ist fürs Radio, für den Film, für die Zeitung gemacht worden. Zähle ich die Bücher, auch die dünnen, werden es am Ende wohl sechzehn sein. Nicht viel. Aber dafür sind einige davon in verschiedene Sprachen übersetzt worden. Es gibt sie zum Beispiel auf Tschechisch, Polnisch, Finnisch, Französisch. Und auf die Weise haben sie sich vermehrt.
Ja, das will ich hoffen, dass ich wenigstens von jeder Sorte eines zu Hause habe.

Ist es leicht, aus einer Beobachtung eine Geschichte zu schreiben?

Schwer ist es immer; gute Beobachtungen erleichtern aber die Arbeit. So wie bestimmte Wissenschaftler aus wenigen Scherben den ganzen Krug wieder nachbilden können, so muss der Schriftsteller aus kleinen Teilen die ganze Geschichte vor Augen bringen. Und der Beobachtung müssen die Fantasie und die Sprache zu Hilfe kommen.

Macht es Spaß, Geschichten zu schreiben?

Klar, ich mache nur Sachen, die mir Spaß machen. Manchmal ist es auch nervend. Wenn mir nichts einfällt, kann ich niemanden fragen. Jedenfalls ist das Schreiben immer meine Lieblingsbeschäftigung gewesen. Und es ist doch toll, wenn diese gleichzeitig der Beruf ist und man obendrein, wenn 's gut geht, auch noch Geld damit verdient.

✣ Fragt doch in eurer Bibliothek oder im Buchladen nach, ob ihr auch einmal einen Schriftsteller oder Grafiker treffen könnt. Wen würdet ihr gern einladen?

Die Geschichten liegen doch auf der Straße

Jeden Morgen geht der Geschichtenmacher ein bisschen spazieren.
So sieht es aus. In Wirklichkeit geht er Geschichten suchen.
Die Leute haben gesagt: Die Geschichten liegen doch auf der Straße.
Der Geschichtenmacher möchte sie finden und einsammeln.
Er nimmt auch immer eine große Tüte mit. Ach was, sagt
der Geschichtenmacher, die Tüte ist für die frischen Brötchen da.

Einmal hat der Geschichtenmacher wahrhaftig ein ganzes
Fünfmarkstück gefunden – aber eine ganze Geschichte noch nie.
Einmal haben ihn eine uralte Frau und ein uralter Mann
nach dem Weg zum Hochzeits-Büro gefragt.
Er hat gesehen, wie vier Feuerwehrleute einen
angefrorenen Schwan vom Fluss geholt haben.
Er hat einen großen starken Mann
in guten Sachen auf einer Bank sitzen
und weinen sehen.

Zu Hause jedoch waren jedes Mal
nur Brötchen in Geschichtenmachers Tüte.
Aber im Kopf hat er überlegt:
Wer hat das Geld verloren?
Was wollten die Uralten auf dem Hochzeits-Büro?
Haben vier Feuerwehrleute nichts Wichtigeres zu tun?
Warum hat der Mann geweint?

Manchmal bekommt er etwas heraus und schreibt es auf.
So machen es die Geschichtenmacher schon lange und überall.
Deshalb gibt es so viele Geschichten auf der Welt.
Und eben – hast du gehört – ist vielleicht eine neue dazugekommen.

Uwe Kant

✤ 1. Im Text stecken vier Geschichtenanfänge. Lies sie vor.
Welchen Anfang möchtest du fortsetzen?

2. Sei auch so ein Geschichtenmacher. Geh durch dein Dorf oder deine Stadt. Notiere, was du siehst, hörst, riechst oder spürst. Überlege dir Fragen zu deinen Beobachtungen. Vielleicht erhältst du so auch Ideen für eine Geschichte.

Bücher – selbst gestaltet

Texte, von sich selbst oder anderen geschrieben, liest man dann besonders gern, wenn sie in einer originellen Form präsentiert werden.
Das Leporello hat sicher schon jeder einmal probiert. Wie wär 's mit diesen Formen? Oder habt ihr noch ganz andere Ideen, wie euer eigenes Buch aussehen könnte?

Ein gebundenes Buch

Man kann die Seiten lochen und mit einem schönen Band oder einer besonderen Kordel zusammenbinden. Sind es nicht so sehr viele Seiten, so kannst du das Buch auch klammern oder mit Nadel und Faden heften.

Ein Stufenbuch

S
O
M
M
E
R

Dieses Buch ist besonders für Rezepte, Bastel- und Spielanleitungen oder auch Sprachspiele, zum Beispiel für ein Akrostichon, geeignet.

Ein Faltbuch

Schreibst du über ein Tier oder eine besondere Beobachtung, so kannst du solch ein Faltbuch mit dem passenden Motiv wählen.

Ein Kreisbuch

Ein Frage- und Antwortbuch, ein Buch mit kleinen Sprüchen und Rätseln oder einem Endlossatz kann man auch in Kreisform gestalten.

✣ Suche dir eine Buchform aus, die dir gefällt. Schreibe deine Geschichte darin auf. Gestalte deine Seiten.

Bücher aus früherer Zeit

1

Was ist eigentlich ein Buch?

Ein Buch sind mehrere zu einem Ganzen zusammengefügte, beschriebene, bedruckte, bebilderte, auch leere Bögen. Bis vor 550 Jahren der Buchdruck erfunden wurde, musste jedes Buch von Hand geschrieben und gefertigt werden. So entstanden wahre Kostbarkeiten.

Wann entstanden die ersten Bücher, und wie sahen sie aus?

Eine ganz genaue Antwort auf diese Frage gibt es nicht. Man weiß jedoch, dass längere zusammenhängende Texte schon sehr früh auf verschiedenen Beschreibstoffen festgehalten wurden. Auf dieser Seite kannst du besonders schöne und interessante Beispiele kennen lernen.

2

3

4

1 Leporellos aus langen Papierblättern aus der Rinde des Khoistrauches haben in Thailand und Myanmar Tradition. Oft wurden Horoskope so festgehalten.

2 Die Thora, das heilige Buch der Juden, war früher und ist heute noch eine Rolle aus Papier oder Pergament.

3 Die Maya in Mittelamerika nutzten Rindenpapierstreifen, die sie wie eine Zieharmonika zusammenfalteten.

4 In China benutzte man schon vor über 3000 Jahren mit Bändern zusammengehaltene Holz- und Bambusstreifen.

5

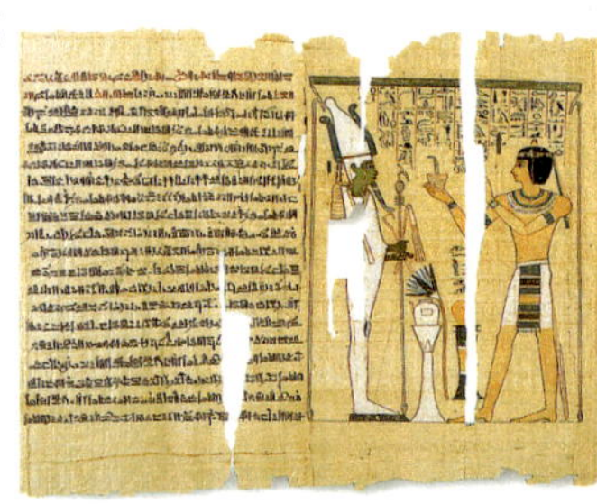

5 Die Ägypter schrieben auf Bögen aus Papyrus, die sie aneinanderklebten. So entstanden Schriftrollen.

✤ An welche Buchform erinnern dich manche dieser Bilder?

Größte Druckmaschine für Kinderbücher steht in Sachsen

Magdeburg Die weltweit größte Kinderbuch-Druckmaschine ist in Sachsen fertiggestellt worden. Die bisher einzigartige vollautomatische Druckmaschine ist 27 Meter lang. Sie wurde in Zusammenarbeit von drei sächsischen Unternehmen der ALS Anlagentechnik, der Polygraph KAMA und der Sachsendruck GmbH gebaut. Gestern wurde der mehrere Tonnen schwere Koloss aus Stahl das erste Mal vorgestellt. In Zukunft soll er in der Druckerei der Firma Sachsendruck GmbH in Plauen stehen. Dafür muss die Maschine in den kommenden Wochen wieder in Einzelteile zerlegt und in die Firma nach Plauen transportiert werden.

Dort wird sie dann nach und nach wieder zusammengesetzt. Bis zum ersten Druck vergeht zwar noch etwas Zeit, aber dann soll die neue, leistungsstärkste Maschine der Welt in der Stunde bis zu 4500 Kinderbücher aus Pappe produzieren. Viele Arbeitsgänge, die bislang mit Hand durchgeführt werden mussten, übernimmt jetzt die neue Anlage. Die Maschine ist die einzige dieser Art in Deutschland, aber auch im Norden Europas, mit der Bücher aus Pappe hergestellt werden können. Diese Pappbücher haben spezielle Klappen, Ausstanzungen oder Register. Sie ist eine Einzelanfertigung, an der 15 Entwicklungsingenieure und Techniker 18 Monate lang getüftelt haben.

Neue, vollautomatische Druckmaschine in Betrieb.

Magdeburger Volksstimme, 18.07.2003

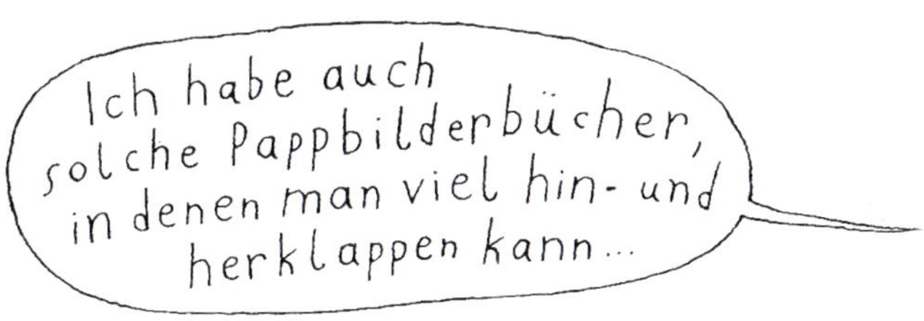

✣ Stellt euch selbst Fragen zu den Texten der Doppelseite.
Schreibt sie auf Kärtchen.
Stellt sie eurer Partnerin/eurem Partner.

Eine Lesenacht in der Schule

Gemeinsames Lesen macht Spaß. Was haltet ihr von einer Lesenacht in der Schule? Es darf gelesen werden bis zum Abwinken, das heißt, bis der Letzte auch eingeschlafen ist oder die Batterie der Taschenlampe versagt. Plant diese Nacht gemeinsam mit euren Eltern und eurer Lehrerin/eurem Lehrer.

Plant den Termin langfristig.
Vielleicht im Spätherbst oder im Winter an einem Freitag ab 17.00 Uhr bis Sonnabend 10.00 Uhr?

Besprecht euer Vorhaben mit der Schulleitung und der Hausmeisterin bzw. dem Hausmeister.

Überlegt euch, ob ihr die Lesenacht zu einem Thema gestaltet oder in freier Wahl.

Legt fest, ab wann nur noch mit der Taschenlampe gelesen werden darf.

Schreibt eine Packliste für eure Lesenacht.
Vergesst die Bücher nicht, den Schlafsack, die Luftmatratze, die Taschenlampe, ...

Bereitet Räume zum Schlafen sowie einen Raum für das Abendbrot und das Frühstück vor.

Diskutiert, ob ihr Mitarbeiter der Bibliothek oder eine Schriftstellerin/einen Schriftsteller für eine besondere Lesenacht einladen möchtet.

Stellt Getränke für den Abend
und eventuell etwas Obst bereit.

Gewinnt Helfer zum Ein- und Ausräumen,
als Lesepartner, als Vorleser, …

Macht Fotos zur Erinnerung,
erstellt eine Lesenachtzeitung oder
schreibt einen Artikel für eure Schulzeitung …

1. Na dann, eine schöne gute Lesenacht! Wer macht als Letzter das Licht aus? Was hat euch gut gefallen? Sprecht darüber.
2. Ihr könnt natürlich auch erst einmal mit einem Leseabend beginnen.

Bücher

Bücher sind Lehrer, die nicht tadeln,
und Freunde, die nicht fordern.

Aus Spanien

Gedankenloses, zerstreutes Lesen ist geradeso wie ein
Spaziergang in schöner Landschaft mit verbundenen Augen.

Hermann Hesse

Du tust gut daran, Bücher zu lesen.
Gewöhne dich ans Lesen. Mit der Zeit wirst du
diese Gewohnheit schätzen lernen.

Anton Tschechow

Liest du viel und reist du viel,
siehst du viel und weißt du viel.

Sprichwort

Lesen, das ist wie fliegen, fliegen über unsere Küchentür hinaus
hoch über die Bäume im Garten hin und weiter, immer weiter
in fremde Länder und ferne Welten.

Willi Fährmann

✤ 1. Schreibe deinen Lieblingsspruch in dein Lieblingsbuch oder auf ein Lesezeichen.
2. Was denkst du über das Lesen? Schreibe es auf.

Im Sommer

Der Sommer

Er trägt einen Bienenkorb als Hut,
blau weht sein Mantel aus Himmelsseide,
die roten Füchse im gelben Getreide
kennen ihn gut.
Sein Bart ist voll Grillen. Die seltsamsten Mären
summt er der Sonne vor, weil sie ’s mag,
und sie kocht ihm dafür jeden Tag
Honig und Beeren.

Christine Busta

Langeweile

Einem kleinen Mädchen war es langweilig. Es stellte sich vor die Haustür und dachte: Wenn doch nur eine wunderschöne Prinzessin vorbeikäme oder ein König! Oder ein Känguru! Aber nichts geschah, und das kleine Mädchen wollte schon wieder hineingehen. Da sah es mitten auf der Straße einen Regenwurm. Gleich wünschte es, einen verzauberten Prinzen vor sich zu haben. Den würde es erlösen! Behutsam setzte es den Regenwurm auf die Hand. Er war voller Sand und kleiner Steinchen und kringelte sich. Das fühlte sich kalt und widerwärtig an. Trotzdem hob es ihn nah an seinen Mund und flüsterte beschwörend auf ihn ein. Doch der Regenwurm verwandelte sich nicht in einen Prinzen. Ärgerlich wollte das kleine Mädchen den Regenwurm fallen lassen. Aber das täte dem Wurm sicher weh. Und wenn dann ein Auto käme? Es trug den Wurm in den Garten und setzte ihn auf die Erde. Da stellte sich der kleine Wurm fast auf die Spitze, krümmte den rosaroten Körper zusammen, streckte ihn blitzschnell wieder und stieß sich in die Erde hinein. Und war schon verschwunden! Das kleine Mädchen war verwundert. So etwas hatte es noch nie gesehen! Und gleich lief es wieder hinaus auf die Straße und suchte, ob es noch andere Regenwürmer finden könnte.

Winfried Wolf

Sommergesang

Geh aus, mein Herz und suche Freud
In dieser lieben Sommerszeit,
An deines Gottes Gaben:
Schau an der schönen Gärten Zier
Und siehe, wie sie mir und dir
Sich ausgeschmücket haben.

Paul Gerhardt

Der Sommer schlägt die Federbälle

Der Sommer geht mit bloßen
Füßen über den heißen Asphalt
in der Stadt
auf ein Schwimmbad zu –

duckt sich
unter die Dusche
und springt ins Becken
vom Dreimeterbrett.

Der Sommer schlägt die Federbälle
hoch
über
die Liegewiese.

Joseph Lichius

✣ 1. Ein Gedicht wurde bereits im Jahre 1656 verfasst. Welches? Begründe deine Wahl.
2. Welche Bilder entstehen bei dir beim Lesen dieser Gedichte?

Spiele für Wasserratten

- Bildet zu viert, zu sechst oder zu acht im knietiefen Wasser einen Kreis. Fasst euch an den Händen. Dann legt sich jedes zweite Kind mit dem Rücken flach aufs Wasser und streckt die geschlossenen Beine nach vorn. Die Füße berühren sich in der Mitte. Die anderen laufen so schnell wie möglich nach rechts im Kreis herum. Auf das Kommando „Wechsel“ stehen die liegenden Kinder auf, und die anderen legen sich hin. Das muss ganz schnell gehen. Schon dreht sich das Karussell in die andere Richtung!

- Alle Kinder fassen sich an den Schultern und bilden eine Schlange. Die Seeschlange schlängelt sich blitzschnell durchs Schwimmbecken. Der Kopf versucht nun den Schwanz zu fangen. Gelingt das, wird der letzte Spieler zum Schlangenkopf.

- Lege dich wie beim Mittagsschlaf mit dem Rücken aufs Wasser. Liege ganz still. Das Wasser trägt dich. Merkst du es?

- Versenke einen Gummiring oder einen anderen „Schatz“ ins Wasser. Bitte deinen Partner ihn hochzuholen.

- Setze dich mit deinem Partner so auf den Boden des Nichtschwimmerbeckens, dass eure Köpfe unter Wasser sind. Versucht euch nun möglichst lautstark in der „Blubb-Blubb-Sprache“ zu begrüßen.

1 Wasser-Karussell
2 Seeschlange
3 Mittagsschlaf
4 Nach Schätzen tauchen
5 Begrüßung

✤ Lies genau und gib den Spielen einen Namen.
Prüfe dann mit dem Spiegel und vergleiche.

Schwimmtag

Sylvia und ihre Freundinnen tummeln sich im Wasser, spritzen sich nass und schwimmen um die Wette. Anschließend liegen sie auf der großen Liegewiese und sonnen sich. Plötzlich stutzt Sylvia. Ein Mann führt einen Jungen mit beiden Händen. Der Junge scheint im gleichen Alter zu sein wie sie. Er geht sehr ungeschickt. Würde ihn der Mann nicht fest halten, müsste er bestimmt fallen. Der Mann setzt den Jungen vorsichtig auf den Rasen. Dann breitet er eine Decke aus und hebt den Jungen behutsam darauf. Der Junge hilft so gut er kann. Der Junge ist so behindert, dass er sich nicht allein ausziehen kann. Auch dabei muss der Mann helfen. „Ich hole noch die Tasche!", sagt der Mann und geht mit schnellen Schritten davon.

Sylvia tut der Junge leid. Sie muss immer wieder hinschauen. Aber dann guckt sie ganz schnell weg, damit er nicht bemerkt, dass er beobachtet wird. „Hallo!", sagt der Junge und lacht Sylvia an. „Klasse Wetter!" Da steht Sylvia auf und geht zu ihm. „Warst du schon im Wasser?", fragt der Junge. Sylvia nickt. „Es ist herrlich!" Sie schaut den Jungen an, schluckt, sagt aber dann doch: „Schade, dass du nicht schwimmen kannst!" Der Junge lacht. „Warte, bis mein Vater wiederkommt!", meint er. Als Sylvia zu ihren Freundinnen zurückkehrt, flüstert ihr Doris zu: „So einer wohnt auch bei uns in der Nachbarschaft. Das ist ein Spastiker!" Inzwischen ist der Mann zurückgekommen. Er packt den Jungen mit beiden Händen und führt ihn zum Schwimmbecken. Die Mädchen laufen hinterher. „Passen Sie auf, hier ist doch das Becken für Schwimmer!", sagt Sylvia vorwurfsvoll zu dem Mann. Der Mann lacht. Er hebt den Jungen hoch und stößt ihn mit Schwung ins Wasser. Die Mädchen schreien auf. Der Junge versinkt. Dann kommt er wieder hoch. Er prustet. Und dann schwimmt er. „Mensch, der kann ja schwimmen!", sagt Sylvia. „Was dachtest du denn?", lacht der Mann und springt auch ins Wasser.

Rolf Krenzer

✤ 1. Lies Zeile 5 bis 15. Warum glaubt Sylvia, dass der Junge nicht schwimmen kann? Suche diese Textzeilen heraus.

2. Erkläre mithilfe des Lexikons den dir unbekannten Begriff, den du in Zeile 19 findest.

Immer schneller

Vor 300 Jahren war das Reisen alles andere als gemütlich. Autos, Flugzeuge und Eisenbahnen gab es nicht. Wer weite Entfernungen zurücklegen wollte, war auf die Postkutsche angewiesen. Sie brachte Pakete, Briefe und Geschäftsleute von einem Ort zum anderen. Nur 60 km konnte man an einem Tag zurücklegen. Die Wege waren holprig, die Wagen kaum gefedert. Auch war die Reise nicht ungefährlich. Jederzeit musste man damit rechnen, dass Räuber der Kutsche auflauerten, um die Fahrgäste auszurauben und die Post zu stehlen. Fuhr man mit der Postkutsche von Hamburg nach Berlin, dauerte dies 36 Stunden.

Mit der Eisenbahn dauerte es vor 100 Jahren nur noch 5 Stunden. Bis es so weit war, mussten Eisenschienen erfunden werden, auf denen zunächst noch Pferdezüge rollten. Nach der Erfindung der Dampflokomotive konnte am 7.12.1835 die erste deutsche Dampfstrecke von Nürnberg nach Fürth eröffnet werden. Ärzte warnten damals vor den hohen Geschwindigkeiten der Eisenbahn, die kein Mensch schadlos überstehen könne.

Lange tüftelten Erfinder an einem Fahrzeug, das sich von selbst bewegt. Carl Benz und Gottlieb Daimler entwickelten die ersten Automobile mit Benzinmotoren. Damals wurde das Vorderrad nur mit einem Handhebel gelenkt und auch gebremst. Die ersten Automobile erinnerten noch sehr an Kutschen. Auf hohen Holzrädern mit Eisenreifen ratterten sie vor gut 100 Jahren mit 15 Kilometern pro Stunde über die schlechten Straßen.

Schiffe sind die ältesten Fahrzeuge der Menschen. Die ersten Schiffe bestanden aus mehreren zu einem Floß zusammengebundenen Baumstämmen und wurden durch Ruder oder von Segeln angetrieben. Im Zeitalter der Entdeckungsreisen, vor etwa 500 Jahren, baute man schnelle Segelschiffe. Sie wurden im Laufe der Zeit immer größer und schneller und beherrschten bis vor 150 Jahren die Weltmeere. Dann baute man Dampfschiffe. Eines der berühmtesten war die „Titanic“. Heute werden die meisten Schiffe von Dieselmotoren angetrieben.

Früher waren Luftschiffe wichtige Transportmittel. Die Menschen reisten in ihnen um die ganze Welt. In vier Tagen flogen sie zum Beispiel von Deutschland über den Atlantischen Ozean nach New York. Die „Hindenburg“ war so hoch wie ein 14-stöckiges Haus und so lang wie ein Kreuzfahrtschiff. Sie wog so viel wie 27 Elefanten.

Neben solch einem Luftschiff sehen moderne Jumbo-Jets aus wie Zwerge. Heute braucht man mit dem Flugzeug für die gleiche Strecke nur wenige Stunden. Eine der schnellsten Verkehrsmaschinen war die „Concorde“. Mit 2330 Stundenkilometern war sie doppelt so schnell wie der Schall.

✤ Nenne noch andere Reisemittel. Womit reist du am liebsten in den Urlaub? Stelle dein Lieblings-Reisemittel genauer vor.

Reisewörter

Weltreise
Reiselust
Dienstreise
Reisewecker
Eisenbahnreise
Reiseprogramm
Gesellschaftsreise
Reisebekanntschaft
Geschäftsreise
Reisevertreter
Ferienreise
Reisegepäck
Luftreise
Reisegeld
Sommerreise
Reiseleiter
...

Tilde Michels

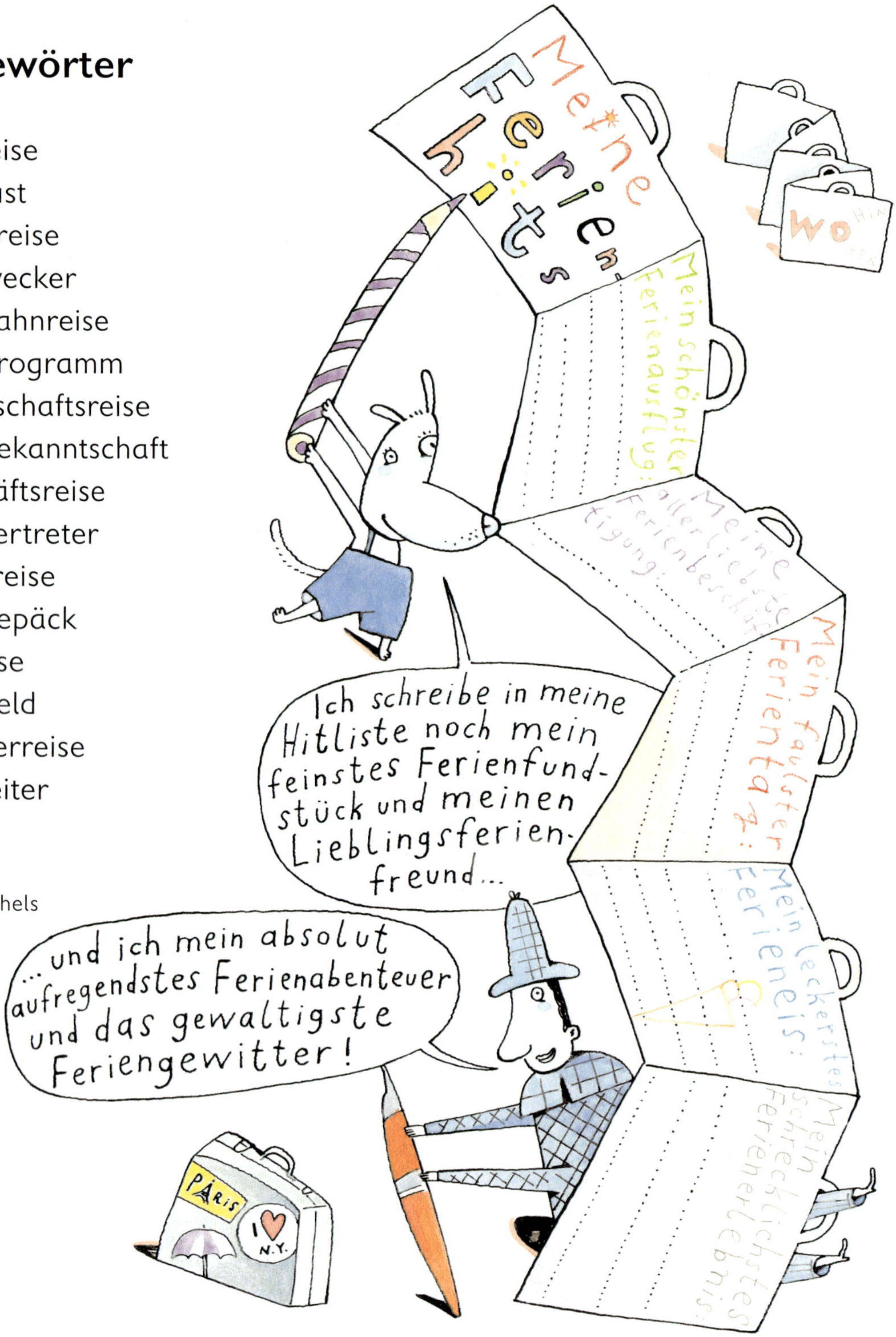

✣ 1. Zum Reisewörtergedicht hat Tilde Michels insgesamt 62 Reisewörter gesammelt. Wie viele findest du?

2. Überlege, wie deine Ferien-Hitliste aussehen könnte. Bringe sie am ersten Schultag mit in die 4. Klasse.

Kommissar Kniepels 13. Fall: *Ein Dieb im Zug*

Kommissar Kniepel sitzt im Zug nach Lugano, wo er einen Schweizer Kollegen besuchen will.
„Nanu“, denkt er, „es wird ja immer dunkler, ich kann ja kaum noch lesen!“
Sie fahren durch den Gotthard-Tunnel. Eine Sekunde darauf flackert die Lampe noch einmal kurz auf, dann sitzen die Reisenden in völliger Finsternis.

Eine halbe Stunde später will die junge Frau ihre Zigaretten aus der Handtasche nehmen:
„Oh Schreck, man hat mein Portmonee gestohlen!“ –
„Was gucken Sie mich so an, glauben Sie etwa, ich bin ein Dieb?“, entgegnet der Mann neben ihr empört.
„Ich habe geschlafen, als wir durch den Tunnel fuhren und das Licht auf einmal ausging.“

„Hören Sie mal!“, sagt der Mann mit Schnurrbart, „wollen Sie uns etwa verdächtigen? Wir haben uns auf der Fahrt nicht von der Stelle gerührt.“ –
„Es muss passiert sein, als es plötzlich dunkel wurde“, meint der Mann gegenüber zu seiner Nachbarin.
Diese entgegnet: „Ich habe nichts bemerkt.“

„Am besten rufe ich jetzt die Bahnpolizei. Die soll alle durchsuchen, dann ist der Dieb schnell gefunden“, sagt die junge Frau. „Das ist gar nicht nötig, der Dieb hat sich schon selbst verraten“, sagt Kommissar Kniepel.

Detlef Kersten

- Wer ist der Dieb?
  Begründe. Lies die entsprechende Textstelle vor.

Weggehn

Ein Eisbär aus *Apolda* wollte nach *Obervolta*.
Auf dem Weg zum Bahnhof vergaß er
den genauen Namen des Landes,
in das er wollte.
Nach *Oberscholda*, sagte der Eisbär.
Wie bitte, fragte die Kartenverkäuferin.
Obersolda, entgegnete der Eisbär.
Aber-kolda?
Nicht *kolda, voll-da*,
korrigierte der Eisbär.
Apvolda.
Ach so, *Apolda?*,
fragte die Kartenverkäuferin.
Ja, bestätigte der Eisbär.
Aber da sind Sie doch.
Die Kartenverkäuferin lachte.
Aha, brummte der Eisbär und
verließ befriedigt den Bahnhof.

Lutz Rathenow

An die Oma

oder wer sonst einen Reisezuschuss gegeben hat

Oma, diese Fahrt ist klasse.
Und dank dir bin ich bei Kasse,
kann mir mal was extra gönnen,
lern dabei die Gegend kennen,
denk an dich und hab dich lieb –
tschüs, dein Enkel, der dir
schrieb.

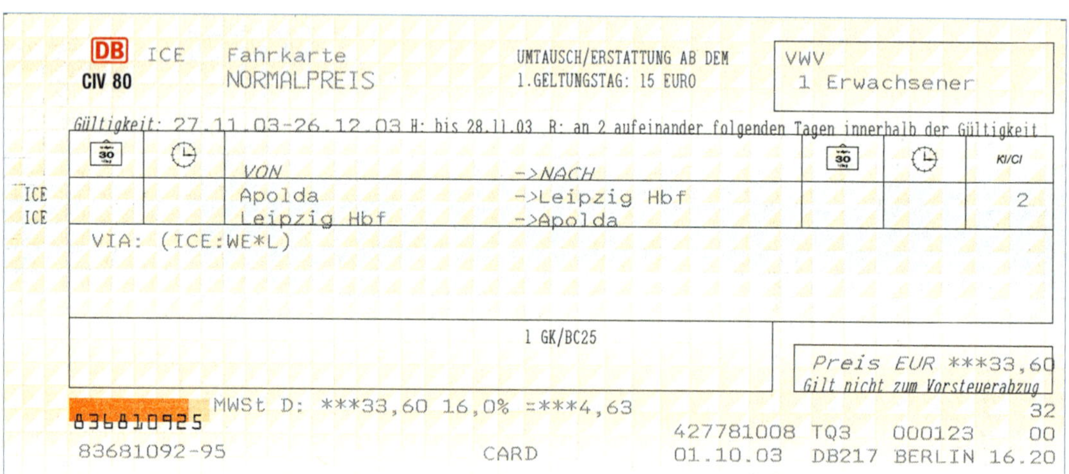

DB ICE Fahrkarte NORMALPREIS
CIV 80
UMTAUSCH/ERSTATTUNG AB DEM 1.GELTUNGSTAG: 15 EURO
VWV 1 Erwachsener

Gültigkeit: 27.11.03-26.12.03 H: bis 28.11.03 R: an 2 aufeinander folgenden Tagen innerhalb der Gültigkeit

	30	Uhr	VON	->NACH	30	Uhr	Kl/Cl
ICE			Apolda	->Leipzig Hbf			2
ICE			Leipzig Hbf	->Apolda			

VIA: (ICE:WE*L)

1 GK/BC25

Preis EUR ***33,60
Gilt nicht zum Vorsteuerabzug

836810925 MWSt D: ***33,60 16,0% =***4,63 32
427781008 TQ3 000123 00
83681092-95 CARD 01.10.03 DB217 BERLIN 16.20

Die Bahn DB

www.bahn.de | Fahrpläne | Fahrkarten | Reisebüro | Angebote | Service | Int. Guests | Konzern | Presse

> Reiseauskunft | Ankunft/Abfahrt | Persönlicher Fahrplan | Surf&Rail | DB NachtZug | DB AutoZug | Rund um den Fahrplan | Flugauskunft

Ihre Auskunft (Einfache Fahrt)

Anfrage | Auskunft | Auswahl | Kasse | Prüfen & Buchen

Hilfe

Ihre Verbindungsanfrage

von: Berlin Zoologischer Garten **Hinfahrt:** Mi, 22.10.03 **Zeit:** 16:00 (Abfahrt) [Anfrage ändern] [Rückfahrt hinzufügen]
nach: Apolda

Preisangaben: 1 Erw., 2. Klasse. [Angaben ändern]

Auswahl Einfache Fahrt Sortierung: Abfahrt

Normalpreise sind immer erhältlich. Für **Sparpreise** und **Aktionsangebote** gelten besondere Konditionen.

▲ früher

Details	Bahnhof/Haltestelle	Datum	Zeit	Dauer	Umst.	Produkte	Normalpreis	
☐	Berlin Zoologischer Garten Apolda	22.10.03 22.10.03	ab 14:20 an 18:26	4:06	2	RE, IC, RB	37,60 EUR Zur Buchung	
☐	Berlin Zoologischer Garten Apolda	22.10.03 22.10.03	ab 16:16 an 19:26	3:10	1	ICE, RB	41,20 EUR Zur Buchung	
☑	Berlin Zoologischer Garten Apolda	22.10.03 22.10.03	ab 16:35 an 20:26	3:51	2	ICE, IC, RB	41,60 EUR Zur Buchung	

▼ später

Wenn Sie Hin- und Rückfahrt gemeinsam buchen sind bis zu 50% Ermäßigung bei Sparpreisen möglich.

OnlineTicket erhältlich

[Details für Auswahl] [Details für alle] [Druckansicht] [Neue Anfrage]

Detailansicht

Bahnhof/Haltestelle	Datum	Zeit	Gleis	Produkte	Bemerkungen
Berlin Zoologischer Garten	22.10.03	ab 16:35	3	ICE 746	InterCityExpress BordRestaurant
Berlin Wannsee		ab 16:46			
Potsdam Hauptbahnhof		ab 16:54			
Brandenburg Hbf		ab 17:20			
Magdeburg Hbf	22.10.03	an 17:59	7		
Magdeburg Hbf	22.10.03	ab 18:04	4	IC 2145	InterCity Fahrradmitnahme reservierungspflichtig, Fahrradmitnahme begrenzt möglich
Köthen		ab 18:36			
Halle(Saale)Hbf	22.10.03	an 18:56	7		
Halle(Saale)Hbf	22.10.03	ab 19:25	6	RB 16332	RegionalBahn Fahrradmitnahme begrenzt möglich
Halle-Ammendorf		ab 19:31			
Schkopau		ab 19:35			
Merseburg		ab 19:38			
Leuna Werke Nord		ab 19:42			
Leuna Werke Süd		ab 19:44			
Großkorbetha		ab 19:47			
Weißenfels		ab 19:54			
Leißling		ab 19:58			
Naumburg(Saale)Hbf		ab 20:05			
Bad Kösen		ab 20:10			
Großheringen		ab 20:15			
Bad Sulza		ab 20:17			
Niedertrebra		ab 20:22			
Apolda	22.10.03	an 20:26	2		

Dauer: 3:51; fährt nicht täglich, 22. Okt bis 12. Dez Mo - Fr, So

Zwischenhalte ausblenden

↑ Seitenanfang

Informationen und Buchungen am Zielort

Mietwagen

Für Ihren nächsten Urlaub: Informationen und Buchungen von Last-Minute & Pauschalreisen, Flügen und vieles mehr finden Sie hier. Weiterhin bieten wir Ihnen die Hotelreservierung und einen Veranstaltungskalender.

Ansprechpartner für allgemeine Anfragen an den Personenverkehr der Bahn finden Sie hier.
Angaben ohne Gewähr. Softwareversion/Datenstand: HAFAS 5.01.DB.R4.15.i [5.01.DB.R4.15/.4.15f/v4.15.p3.10_data:4b3280cb] Aktuelles Datum: 22.10.03

© Deutsche Bahn AG | AGB | Datenschutzgrundsätze | Online-Werbung | Suchen | Kontakt | Impressum

✤ Stelle deiner Partnerin/deinem Partner weitere Suchaufgaben.

Gute Reise, schreib mir mal!

Lieber Benedict, meine Urlaubsreise begann mit dem Flugzeug. Ich landete auf einer großen Insel. Wir waren in einer Delfin-Show. Die Delfine sind hin und her gesprungen.
Liebe Grüße von Marvin

Lieber Philipp,
ich freue mich, dass du in keiner anderen Klasse bist. Wir sind ja immer noch Freunde. Es macht Spaß, mit dir in einer Klasse zu sein. Tut mir leid, dass du zu meinem Geburtstag nicht kommen konntest. Dein Antonio
P.S Hier sitze ich mit meiner Familie und mache Pause.

Liebe Oma!
Ich bin hier an der Ostsee in Ahlbeck. Wir haben schönes Sommerwetter und waren schon ganz oft baden. Die Wellen waren unheimlich hoch. Hier gibt es auch viele Strandkörbe.
Viele Grüße, deine Julia

Lieber Antonio,
liebe Grüße sende ich dir aus 800 km Entfernung. Ich bin in einem Gebirge. Der See im Dorf sieht von oben aus wie ein Stern. Dein Philipp

Liebe Marie,
ich war in den Ferien in einem Vergnügungspark. Da waren auch Indianer. Die haben mit uns ein Foto gemacht. Ich hatte gar keine Angst. Dort ist auch eine Westernstadt und ein Märchenland. Liebe Grüße sendet dir Magdalena

Liebe Frau Gutmann,
ich war in Delfi. Dort war ich, wo vor 1000 Jahren Menschen gelebt haben. Das war ganz hoch und oben war ein Stadion. Da habe ich mit meinem Bruder ein Wettrennen gemacht. Viele Grüße, deine Athina

✣ Lies die Feriengrüße und finde heraus, zu welcher Postkarte sie gehören.
Falls du auch aus den Ferien Grüße an Freunde aus der Klasse senden willst, vergiss nicht, ihre Adresse zu notieren.

Die Blindschleiche

Ich wälzte in einer Lichtung im Wald einen Stein beiseite, da glitt eine große Blindschleiche hervor. Behutsam fasste ich sie hinter dem Kopf, denn ich wusste Bescheid. Es war mir einmal passiert, dass eine Blindschleiche, nach der ich griff, den Schwanz verlor. Der abgebrochene Schwanz bewegte sich noch lange. Nun hatten wir ein Tier für unser Terrarium. „Ihr Leib ist dick“, sagte der Vater, „wahrscheinlich bekommt sie Junge.“

Als wir sie in das Terrarium setzten, verkroch sie sich in der Höhle, aber am nächsten Morgen, als die Sonne hineinschien, sahen wir den kleinen Kopf mit den Eidechsenaugen auftauchen.

Nach einer Weile – wir beobachteten sie durch die Gucklöcher – kam sie hervor, glitt über das Gras und legte sich in die Sonne. Ich sammelte kleine Käfer und Raupen, Heuschrecken, Regenwürmer und kleine Nacktschnecken.

Einmal sah ich durchs Guckloch zu, wie die Blindschleiche eine Nacktschnecke verfolgte, die im Gras kroch. Sie betastete sie mit ihrer langen gespaltenen Zunge, schließlich sperrte sie bedächtig den Rachen auf und erfasste die Schnecke, drehte den Kopf und zog sie am Boden hin und her. Es dauerte lange, bis sie die kleine Schnecke hinabgewürgt hatte. Danach erschien immer wieder die Zunge.

Eines Morgens sah ich eine kleine Schlange durch den Rasen gleiten, und da war noch eine und dort noch eine. Überall huschten sie umher. Unsere Blindschleiche hatte Junge bekommen. Es waren wunderhübsche, flinke Tierchen, fünfzehn haben wir später gezählt. Sie hatten feine Eidechsenköpfchen mit blanken Äuglein. Die Mutter war bleigrau, aber die Kleinen waren hellbraun, wie Milchkaffee, mit einem dünnen schwarzen Strich über dem Rücken. Im Sonnenschein schimmerten sie wie Bronze.

Wie viel Freude haben wir an unserem Terrarium gehabt! Morgens lag die Blindschleichenmutter auf dem Sonnplatz, und die Kleinen schlängelten sich umher; manchmal verknäuelten sie sich. Es sah aus, als spielten sie miteinander. Mit dem Futter war es schwierig. Ich sammelte winzige Spinnen und Räupchen.

Die Ferien waren zu Ende. Wir brachten die Blindschleichenfamilie zurück in den Wald. Die Kleinen hatte ich in einer Schachtel beisammen; als ich sie ins Moos schüttete, war es ein Knäuel, aber sogleich entwirrte es sich, und die Schlänglein huschten davon, jedes für sich allein.

Wolf Durian

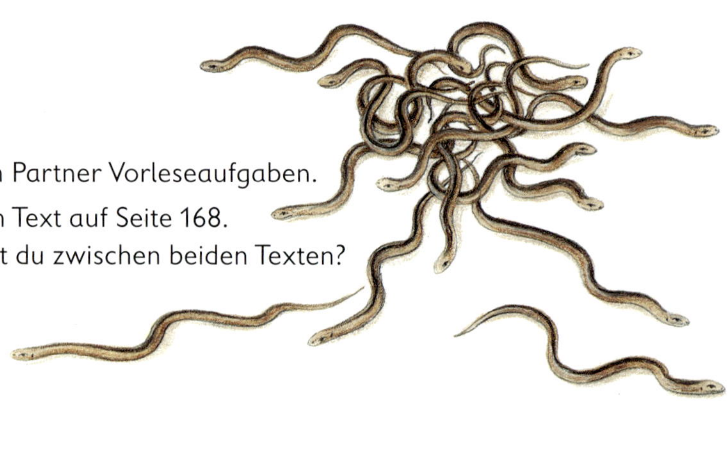

✤ 1. Stelle deiner Partnerin/deinem Partner Vorleseaufgaben.
2. Vergleiche diesen Text mit dem Text auf Seite 168. Welche Gemeinsamkeit findest du zwischen beiden Texten?

Aufträge für Lesedetektive

In welchen Kapiteln liest du besonders gern? Begründe.

Suche deine Lieblingstexte.
Übe einen davon so gut, dass du ihn auch deinen Mitschülerinnen und Mitschülern vorlesen kannst.

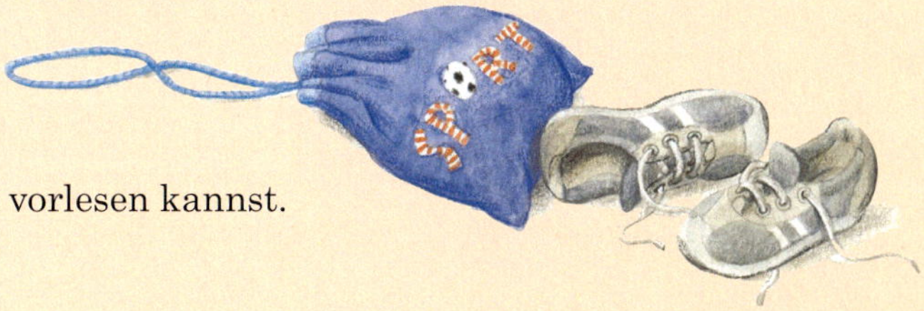

In Sachtexten findet man meist viele neue Informationen und Erklärungen über die verschiedensten Sachverhalte und Dinge. Welcher Sachtext ist für dich besonders interessant und lesenswert?

Zu welchem Foto gehört dieser Fotoausschnitt?

In welchem Kapitel findest du Zungenbrecher?
Wähle dir einen aus und sprich ihn ohne Fehler so schnell wie möglich.

Suche Texte,
an deren Sprache du erkennst,
dass sie in früherer Zeit entstanden sind.
Lies sie und nenne die Wendungen,
die dir ungewöhnlich vorkommen.

Auf welchen Seiten steht ein Text, in dem ein Frosch eine besondere Rolle spielt?

Erkläre, was ein SOS-Kinderdorf ist. Lies nochmals auf den entsprechenden Seiten nach.

Zu welcher Kapiteleinstiegsseite gehört
dieser Illustrationsausschnitt?

Zu den Jahreszeiten gibt es viele Gedichte.
Suche ein Gedicht, das dir besonders
gefällt. Lerne es auswendig
und trage es
sinnentsprechend vor.

Wie schwer war der schwerste Apfel
auf einer Landwirtschaftsausstellung
in England?

Wähle dir eine Kapiteleinstiegsseite
aus. Betrachte sie und schreibe alle Gedanken,
die dir dazu kommen.
Du kannst nur Wörter und Wortgruppen verwenden
oder auch einen kleinen Text schreiben.

Suche den Text für Krimi- und Knobelliebhaber.
Übe ihn und lies ihn dann deinen Eltern vor.
Finden sie die Lösung?

Gedichte sind auch musikalisch umsetzbar. Man kann sie
mit Instrumenten musikalisch begleiten oder als Lied singen.
Wähle dir ein Gedicht aus und probiere es.

Astrid Lindgren ist eine beliebte schwedische Kinderbuch-
autorin. Aus welchen Büchern findest du Leseausschnitte
in unserem Lesebuch?

Wie oft begegnen dir Hund und Detektiv in diesem Lesebuch?

Wie ist der Name des Schriftstellers, der in einer 3. Klasse
zu Besuch ist und ein Kinderbuch vorstellt? Kennt ihr einen
Schriftsteller, den ihr einladen möchtet?

Textquellen

S. 12 *Kruse, Max*: Verquatschter Morgen. Aus: Am Montag fängt die Woche an, 2. Jahrbuch der Kinderliteratur, Beltz & Gelberg, Weinheim, 1973 | **S. 13** *Eberle, Theodor*: Wie heißt ..., Aus: Der bunte Hund, Heft 51, Beltz & Gelberg, Weinheim, 1998 | **S. 13** *Eberle, Theodor*: Ist er gekommen ..., Aus: Der bunte Hund, Heft 52, Beltz & Gelberg, Weinheim, 1999 | **S. 13** *Heinrich, Karin*: Mit R ..., Mit W .... Aus: Kinder, kommt und ratet, VWV Berlin, 1984 | **S. 13** *Maar, Paul*: Mit H hat sie ... Aus: Dann wird es wohl das Nashorn sein, © 1988 Beltz Verlag, Weinheim und Basel | **S. 14** *Ferra-Mikura, Vera*: Wo manche Worte wohnen. Aus: Das Sprachbastelbuch, Jugend und Volk, Wien/München 1978 | **S. 16** *Ulrichs, Timm*: ordnung-unordnung. Aus: Eugen Gomringer (Hrsg.): Konkrete Poesie. Reclam-Verlag, Stuttgart 1972 | **S. 16** *Lutrell, Ida*: Mein schönster Schultag. Aus: Mein schönster Schultag, Otto Maier Verlag, Ravensburg, 1994 | **S. 18** *Herold, Gottfried*: Kleiner Unsinn. Aus: Mein Dackel heißt Emil, © Der Kinderbuchverlag, Berlin 1987 | **S. 18** *Herold, Gottfried*: Lesevergnügen. Aus: Komm, wir wollen im Regen gehen, © 2000 Middelhauve Verlags GmbH, München | **S. 19** *Maar, Paul*: Noten, Noten, Noten ... Aus: Dann wird es wohl das Nashorn sein, a. a. O. | **S. 19** *Maar, Paul*: Notenbeschwörung. Aus: Dann wird es wohl das Nashorn sein, a. a. O. | **S. 20** *Härtling, Peter*: Sofie verstellt sich. Aus: Sofie macht Geschichten, Beltz & Gelberg, Weinheim und Basel, 1987 | **S. 21** *Brender, Irmela*: Wir. Aus: Fuhrmann, Joachim (Hrsg.): Gedichte für Anfänger, Rowohlt, Reinbek 1980 | **S. 21** *Welsh, Renate*: Die Brücke. Aus: Das Sprachbastelbuch, © 1975 Esslinger Verlag, J. F. Schreiber, Esslingen, Wien, Esslinger Edition, J&V | **S. 22** *Kreft, Marianne*: Liebe Aygün! Aus: Hans-Joachim Gelberg (Hrsg): Überall und neben dir, Beltz Verlag, Weinheim und Basel, 1989 | **S. 22** Aus einem anderen Land. Nach: *Sabine Strudlik*: Ich mag Fatma, © 1999, Weltbild Buchverlag 1999 | **S. 23** Guter Ton in der Schule. Freundschafts-Sprüche. Sich was Nettes ... Aus: Rosemarie Portmann: Mut tut gut! Beiträge zur Mut-Mach-Aktion für Kinder, Grundschule/ Praxis Grundschule 1/95 (Beilage in der Zeitschrift) | **S. 23** Wie leben die Kinder in anderen Ländern? Aus: Elbdamm-Report, Zeitschrift der Grundschule Am Elbdamm, Magdeburg, 2. Ausgabe Januar 1999 | **S. 24** *Bröger, Achim*: Wie Pizza zu spät gekommen ist. Aus: Pizza und Oskar gehen zur Schule, © 1985 by Arena Verlag GmbH | **S. 26** *Polak, Eva*: Die Verabredung. Aus: Mit Luise, ganz geheim; Sauerländer Verlag, Aarau, Frankfurt am Main, Salzburg 1999 | **S. 27** *Petri, Walter*: weil Anna Murmelaugen hat. Aus: Humbug ist eine Bahnstation, © Der Kinderbuchverlag, 1989 | **S. 29** *Mörike, Eduard*: Septembermorgen. Aus: Gedichte, Ausw. u. Nachw. von Bernhard Zeller, Stuttgart: Reclam 1977 | **S. 30** *Hacks, Peter*: Der Herbst steht auf der Leiter. Aus: Der Flohmarkt, Der Kinderbuchverlag (o. J.), Berlin | **S. 31** *Strittmatter, Erwin*: Der Tausch: Aus Schulzenhofer Kramkalender, Aufbau-Verlag, Berlin und Weimar, 1966 | **S. 32** *Korinetz, Jurij*: Der letzte Apfel am Apfelbaum. Aus: Ein Reigen um die Welt, dtv junior, © Hans Baumann | **S. 32** *Quehl, Annemarie*; *Krichbaum-Steuber, Rosemarie*: Ein Rekord. Aus: Rund um den Apfel, © 1999 ars Edition München | **S. 34** *Jandl, Ernst*: fliegen, fliegen, fliegen ... Aus: Der künstliche Baum, Gesammelte Werke in drei Bänden, Hg. v. Klaus Siblewski, Luchterhand, Neuwied 1970 | **S. 34** *Gomringer, Eugen*: Der Wind. © Eugen Gomringer, Rehau | **S. 34** *Mucke, Dieter*: Unerhörte Begebenheit. Aus: Freche Vögel, © Der Kinderbuchverlag, Berlin 1977 | **S. 34** *Guggenmos, Josef*: Gegen den Wind. Aus: Oh, Verzeihung sagte die Ameise, © 1990 Beltz Verlag, Weinheim und Basel | **S. 37** So feiern Carolyn und Kevin. Nach: *Matthias Mala*: Kinderfeste in aller Welt, © 1996 by Arena Verlag GmbH, Würzburg | **S. 38** *Rettich, Margret*: Der Vogel. Aus: Dorfgeschichten, Loewe Verlag, Bayreuth 1978 | **S. 40** *Schweiggert, Alfons*: Auch das grünste Laub ... Aus: Seht, wie die Zeit vergeht, Beltz Verlag Weinheim und Basel 1976 | **S. 40** *Strittmatter, Eva*: Zwei letzte Knospen ... Aus: Ich schwing mich auf die Schaukel, Der Kinderbuchverlag Berlin (o. J.) | **S. 40** *Janosch*: Der Herbst, der Aus: Die Maus hat rote Strümpfe an, Beltz Verlag Weinheim und Basel, 1978 | **S. 40** *Wehren, Rudolf*: Nun liegt die Erde ... Aus: Ernst Bühler und Margrit Lobeck: Scheine Sonne scheine, © 1992 by Paul Haupt Berne | **S. 40** *Morgenstern, Christian*: Nebel hängt wie ... Aus: | **S. 41** *Schwarz, Regina*: Wen du brauchst. Aus: H.-J. Gelberg (Hrsg.): Überall und neben dir, © 1986, 1989 Beltz Verlag, Weinheim und Basel | **S. 42** *Nahrgang, Frauke*: Baby. Aus: Küssen verboten! © 2000 Beltz Verlag, Weinheim und Basel | **S. 43** *Schwarz, Regina*: Du. Aus: H.-J. Gelberg (Hrsg.): Überall und neben dir, a. a. O. | **S. 43** *Wiemer, Rudolf Otto*: Zufall. Aus: H.-J. Gelberg (Hrsg.): Überall und neben dir, a. a. O. | **S. 44** *Nöstlinger, Christine*: Worüber der Franz unzufrieden ist. Aus: Fernsehgeschichten vom Franz, Verlag Friedrich Oetinger, Hamburg, 1994 (Reihe: Sonne Mond und Sterne) | **S. 46** *Manz, Hans*: Wunder des Alltags. Aus: H.-J. Gelberg(Hrsg.): Überall und neben dir, a. a. O. | **S. 46** *Lisa*, 11 Jahre: Lisa und Hans kommen in eine SOS-Kinderdorffamilie. Aus: SOS Kinderdorf e. V. „Alles Familie" 2. bis 6. Klasse, Infopaket für Lehrerinnen und Lehrer | **S. 47** *Morgenstern, Christian*: Nicht da ... Aus: SOS Kinderdorf e. V., SOS-Kinderdorf Worpswede, Stand 2000, München | **S. 48** *Kordon, Klaus*: Erstens, zweitens, drittens. Aus: Die schönsten LeselöwenGeschichten, © 1997 by Loewe Verlag GmbH, Bindlach | **S. 50** *Bolliger, Max*: Von einer Maus, die einen Löwen befreit. Aus: Mein erstes Vorlesebuch der schönsten Tierfabeln, © 1992 Ravensburger Buchverlag Otto Maier GmbH | **S. 51** *Bolliger, Max*: Von einem Fuchs, einem Löwen und einem Bären. Aus: Mein erstes Vorlesebuch der schönsten Tierfabeln, a. a.O. | **S. 51** *Uschinski, K. D.*: Die beiden Ziegen. Aus: Meine Fibel, VWV, Berlin 1990 | **S. 52** *Anger-Schmidt, Gerda*: Nach einem Streit. Aus: Sei nicht sauer, meine Süße! Dachs-Verlag, Wien 1997 | **S. 53** *Ausländer, Rose*: Die Märchen. Aus: Mein Atem heißt jetzt, © 1981 S. Fischer Verlag GmbH, Frankfurt am Main | **S. 54** Litauisches Märchen: Die diamantene Axt. Nach: Lesebuch 3, VWV, Berlin 1983 | **S. 58** *Brüder Grimm*: Der Froschkönig. Aus: Die Kinder- und Hausmärchen der Brüder Grimm, © Der Kinderbuchverlag Berlin, 1963 | **S. 62** Norwegisches Trollmärchen: Das Jul-Fest der Trolle. Aus: Marlis Arnold: Das Märchen-Kochbuch, © Könemann Verlagsgesellschaft mbH, Köln (o. J.) | **S. 64** *Fühmann, Franz*: Am Schneesee. Aus: Die dampfenden Hälse der Pferde im Turm von Babel, Der Kinderbuchverlag, 1978 Berlin | **S. 66** *Dietl, Erhard*: König Vogelfrei. © 1991 by K. Thienemanns Verlag, Stuttgart-Wien | **S. 67** *Kaléko, Mascha*: Der Winter. Aus: Wie's auf dem Mond zugeht und andere Verse, Jan Thorbecke Verlag, Sigmaringen 1982 | **S. 68** *Guggenmos, Josef*: Raureif. Aus: Ich will dir was verraten, © 1992 Beltz Verlag, Weinheim und Basel | **S. 69** *Morgenstern, Christian*: Wenn es Winter wird. Aus: H. O. Proskauer (Hrsg): Sämtliche Dichtungen, Abt. 2, Bd. 16: Kindergedichte, Basel (Zbinden) 1978 | **S. 70** Winterliche Eigenheiten. In Anlehnung an: *Ruth Thomson*: Die 4 Jahreszeiten – Winter, Dr. Hans Peters-Verlag Salzburg-Bern 1990 | **S. 71** *Kulick, Hartmut*: Dezemberkalender. Aus: Reinhard Abeln: So bunt wie ein Basar, © 1996 Verlag Butzon & Bercker, Kevelaer | **S. 72** *Deppert, Fritz*: Winterwunschnacht. Aus: H.-J. Gelberg: Die Erde ist mein Haus, Jahrbuch der Kinderliteratur, Beltz Verlag, Weinheim und Basel, 1988 | **S. 72** *Naumilkat, Ilse* (2. und 3. Strophe) Guten Abend, schön Abend. Aus: Mein Liederkästchen, © Volk und Wissen Verlag GmbH, Berlin 1992 | **S. 75** *Storm, Theodor*: Knecht Ruprecht. Aus: Albert Köster (Hrsg.): Sämtliche Werke, Band 1, Inselverlag, Leipzig, 1920 | **S. 76** *Nöstlinger, Christine*: MINI trifft den Weihnachtsmann. © 1992 by J. & V. Edition, Wien, Dachs-Verlag, Ges. m. b. H. | **S. 78** *Richter, Jutta*: Silvester. Aus Der Sommer schmeckt wie Himbeereis, C. Bertelsmann-Verlag GmbH, München, 1990 | **S. 80** *Hofbauer, Friedl*: Lied der Eiszapfen. Aus: Ilse Walther (Hrsg.): Das Jahreszeiten-Reimebuch, Verlag Herder & Co., Wien 1992 | **S. 81** *Nöstlinger, Christine*; Sich regen ... Aus: H.-J. Gelberg (Hrsg.): Der dicke Hund, Beltz Verlag, 1992, Weinheim und Basel | **S. 82** *Moser, Erwin*: So im Schatten liegen möchte ich. Aus: Wolf Harranth, Christine Sormann (Hrsg.): Im Pfirsich wohnt der Pfirsichkern, © 1994 Verlag St. Gabriel, Mödlingen-Wien | **S. 82** *Kordon, Klaus*: Einfach alles. Aus: Uwe-Michael Gutzschhahn: Ich möchte einfach alles sein, © 1998 Carl Hanser Verlag, München, Wien | **S. 83** *Fröhlich, Roswitha*: Was gemütlich ist. Aus: H.-J. Gelberg (Hrsg.): Menschengeschichten, Drittes Jahrbuch der Kinderliteratur, Beltz Verlag Weinheim und Basel 1975 | **S. 83** *Reding, Josef*: Faulenzen. Aus: Gutentagtexte, © Engelbert-Verlag, Gebr. Zimmermann GmbH 1974 | **S. 84** *Nowotny, Joachim*: Ein Lächeln für Zacharias. Aus: Die bunte Bildergalerie, Kinderkunstkalender, © Der Kinderbuchverlag, Berlin 1982 | **S. 86** *Ehrhardt, Monika*: Liebkoselied. Aus: Reinhard Lakomy&Monika Ehrhardt: Der Traumzauberbaum, Geschichtenlieder, Edition Peters, Leipzig/ Dresden 1985 | **S. 86** *Harranth, Wolf*: Ich hab was für dich. Aus: Macht die Erde nicht kaputt, Herder & Co. Wien, 1984 | **S. 87** *Künzler-Behncke, Rosemarie*: Lachen. Aus: H.-J. Gelberg (Hrsg.): Oder die Entdeckung der Welt, © 1997 Beltz Verlag, Weinheim und Basel | **S. 90** *Krenzer, Rolf*: Kinder-Dialog. © Rolf Krenzer, Dillenburg | **S. 91** *Färber, Werner*: Ruhe bitte! Aus: Unsinngeschichten, LoeweVerlag, Bindlach 2000 (Reihe: Leselöwen) | **S. 94** *Lindgren, Astrid*: Ronjas Welt. Aus: Oetinger Verlag, Hamburg 1982 | **S. 95** *Goethe, Johann Wolfgang von*: Hat alles seine Zeit. Aus: Concerto dramatico (vor April/Mai 1773), Band 1, S. 151 | **S. 97** *Volksgut*: Rätsel für Schulkinder. Aus: Scheine Sonne scheine. a. a. O. | **S. 97** *Maar, Paul*: Rätsel von heute. Aus: Dann wird es wohl das Nashorn sein, a. a. O. | **S. 98** *Busch, Wilhelm*: Fünfter Streich. Aus: Max und Moritz, Verlag von Braun und Schneider, München (o. J.) | **S. 100** *Dürr, Gisela*; *Stiefenhofer, Martin*: Verliebt, verlobt, verheiratet. Ball-Zehner. Namenball. Ball an die Wand. Aus: Weltbild Verlag GmbH (Hrsg.): Schöne alte Kinderspiele, © Weltbild Verlag GmbH, 8. Auflage 2000 | **S. 102** Das Lied vom braven Mädchen. Aus: Deutsche Fibel und Lesebuch für die Unterstufe der Elementarschulen in Elsaß-Lothringen, Erster Teil, Straßburg, Friedrich Bull, Verlags-Buchhandlung, 1897 | **S. 102** *Ludwig, Volker*: Mädchen, lasst euch nichts erzählen. Entnommen dem Stück „Mensch Mädchen", Aus: 3x Kinder-theater III, © Ellermann Verlag/ Verlag der Autoren, München/Frankfurt, 1976 | **S. 104** Wie Riesa zu seinem Namen kam. In Anlehnung an: *Siegfried Berger*: Der Sagenschatz um Riesa, Riesa 1992 | **S. 105** *Heine, Heinrich*: Leise zieht durch mein Gemüt. Aus: Ulla Hahn: Gedichte für's Gedächtnis, Deutsche Verlagsanstalt GmbH Stuttgart, München 1999 | **S. 106** *Lindgren, Astrid*: Bullerbü im Frühling. Aus: Die Kinder aus Bullerbü, © Verlag Friedrich Oetinger, Hamburg 1988 | **S. 108** Ostereier vom Osterhasen. Aus: Albert Bichler: Feste und Bräuche – Mit Kindern feiern, Franz Schneider GmbH, München 1997 | **S. 108** Bunte Ostereier. Aus: Albert Bichler: Feste und Bräuche – Mit Kindern feiern, a. a. O. | **S. 109** *Ferdinands, Karl*: Zwölf Ostereier. Aus: Neunundneunzig Ostereier, Franz Schneekluth Verlag,

München 1990 | **S. 109** *Brecht, Bertolt*: Grün sind die Sträucher ... Aus: Ein Kinderbuch, Der Kinderbuchverlag Berlin 1965 | **S. 110** *Guggenmos, Josef*: So geht es in Grönland. Aus: Romulus Candea (Hrsg.): Immerwährender Kinderkalender, Österreichischer Bundesverlag 1958, © Josef Guggenmos, Irsee | **S. 110** *Seidel, Heinrich*: April. Aus: Paul Faulbaum (Hrsg.): Sonniges Jugendland, Osterwieck, Zickfeldt 1922 | **S. 111** *Wißkirchen, Christa*: Das Wolkenbuch. Aus: Spielen und lernen, Heft4/91, Velber Verlag, Seelze 1991 | **S. 111** *Braun, Volker*: Der Regen. Aus: Im Querschnitt, © Mitteldeutscher Verlag, Halle-Leipzig 1978 | **S. 112** *Kahlau, Heinz*: Der Löwenzahn. Aus: Der Rittersporn blüht blau im Korn, Der Kinderbuchverlag, Berlin 1972 | **S. 113** *Moser, Erwin*: Die Gießkanne und der Löwenzahn. Aus: Das große Fabulierbuch, Beltz & Gelberg, Weinheim 1995 | **S. 113** Löwenzahnentdeckungen. Nach: Schau doch mal! Pflanzen auf der Wiese, Ernst Klett Grundschulverlag GmbH, Leipzig 1997 | **S. 115** *Busta, Christine*: Merkvers. Aus: Wenn du das Wappen der Liebe malst ... Gedichte, Otto Müller Verlag, Salzburg 1981 | **S. 116** *Langner, Manuela*: Schwalbennester in Biederitz gerettet! Aus: Magdeburger Volksstimme, 29. April 2000 | **S. 116** *Hornburg, Cordula*: Froschzaun vor der Straße stoppt die Wanderung der Kröten. Aus: Magdeburger Volksstimme, 29. April 2000 | **S. 117** *Härtling, Peter*: Das wandernde Bäumlein. Aus: Geschichten für Kinder, © 1988, 1998 Beltz Verlag, Weinheim und Basel | **S. 119** *Roth, Eugen*: Der Baum. Aus: H.-J. Gelberg (Hrsg.): Überall und neben dir, a. a. O. | **S. 119** *Guggenmos, Josef*: Bruder Ahorn. Aus: H.-J Gelberg (Hrsg.): Überall ..., a. a. O. | **S. 120** Umwelttipps. Nach: Reinhard Abeln: So bunt wie ein Basar, © 1996 Verlag Butzon & Bercker, Kevelaer **S. 121** Greenpeace, Rudi-Rotbein-Club, WWF. Aus: Mach mit, Heft 11/98, Friedrich Velber Verlag, Seelze 1998 | **S. 123** *Dietl, Erhard*: So sind die Olchis. Aus: So sind die Olchis, © Verlag Friedrich Oetinger, Hamburg 1996 | **S. 124** *Herold, Gottfried*: Zum Beispiel der Fluss. Aus: Komm, wir wolln im Regen gehen, a. a. O. | **S. 124** *Hundertwasser, Friedensreich*: Grieselbach-Gedicht. Aus: H.-J. Gelberg (Hrsg.): Oder die Entdeckung der Welt, a. a O | **S. 124** Das Wasser sucht seinen Weg. Aus: Mach mit, Heft 7/92, Friedrich Velber Verlag, Seelze 1992 | **S. 124** Künstliche Flüsse. Aus: Mach mit, Heft 7/92, a. a. O. | **S. 125** *Krüss, James*: Das Wasser. Aus: Der Zauberer Korinthe. Verlag Friedrich Oetinger, Hamburg 1982 | **S. 126** *Morgenstern,Christian*: Lied der Sonne. Aus: Ernst Bühler, Margret Lobeck: Scheine Sonne scheine, © 1992 by Paul Haupt Berne | **S. 127** *Thieme, Monika*: Kinder stellen viele Fragen (Originalbeitrag) | **S. 128** *Klausmann, Ulrike*: Warum spuckt die Erde Feuer? Aus: Mücke, Heft 5/2000, © Universum Verlagsanstalt GmbH KG Wiesbaden | **S. 130** *Jenkes, Claudia*: Gibt es eine Brille für Hunde? Aus: Mücke, Heft 1/98, a. a. O. | **S. 131** *Jatzeck, Gerald*: Aus Professor Tüftels Wörterbuch. Aus: H.-J. Gelberg (Hrsg.): Oder die Entdeckung der Welt, a. a. O. | **S. 132** *Harranth, Wolf*: Enter .... Aus: H.-J. Gelberg (Hrsg.): Was für ein Glück, © Beltz Verlag, Weinheim und Basel | **S. 132** *Jenkes, Claudia*: Computer überall – Wo braucht man sie? Aus: Mücke, Heft 3/97, a. a. O. | **S. 135** *Wolf, Klaus-Peter*: Björn. Aus: Computergeschichten, Loewe-Verlag GmbH Bindlach, 1997 (Reihe: Leselöwen) | **S. 138** *Lassahn, Bernd*: Wozu brauchen die Eskimos Bügeleisen? Aus: Käpt'n Blaubärs Geschichtenbuch, © 1991 Ravensburger/FFP/RTV/ WDR (nach Figuren von Walter Moers und Motiven von Bernd Lassahn, R. Silber und W. Moers) | **S. 140** Das Hausschwein. Aus: Mach mit, Heft 8/2000, Velber Verlag, Seeze | **S. 142** *Timm, Uwe*: Schwein gehabt. Aus: Rennschwein Rudi Rüssel, © 1989 Verlag Nagel & Kimche AG, Zürich/Frauenfeld | **S. 145** Vorurteile! Aus: Sabine Latorre, Annerose Naber: Schwein, © 2000 by ALS-Verlag GmbH, Dietzenbach | **S. 145** Sprichwörter und Sprüche vom Schwein. Aus: Sabine Latorre, Annerose Naber, a. a. O. | **S. 148** *Wittkamp, Frantz*: Glück ist ... Aus: mein großes Glück bist du, © 2001 Coppenrath Verlag, Münster | **S. 149** *Jane Burton*: Das Meerschweinchen. Aus: Mucki, das Meerschweinchen, Franckesche Verlagshandlung, Stuttgart 1989 | **S. 150** *Boie, Kirsten*: Noch mehr Schweinchen. Aus: King-Kong, das Liebesschwein, Oetinger Verlag 1993 | **S. 152** *Andresen, Ute*: Traum. Aus: Mein allererstes Geschichtenbuch, Band 2030, erschienen 1996, erstmals 1994 unter dem Titel: Mein allererstes Vorlesebuch, © 1994 Ravensburger Buchverlag | **S. 153** *Wittkamp, Frantz*: Ich nahm ... Aus: Ich glaube, daß du ein Vogel bist, © 1987, 1990 Beltz Verlag, Weinheim und Basel | **S. 154** *Kant, Uwe*: Heinrich verkauft Friedrich. Aus: Heinrich verkauft Friedrich. © Elefanten Press Verlag GmbH 1993 | **S. 160** *Kant, Uwe*: Die Geschichten liegen doch auf der Straße. Aus: Die Bücherkiste 4, © Volk und Wissen Verlag, GmbH, Berlin 1991 | **S. 163** Größte Druckmaschine für Kinderbücher steht in Sachsen. Aus: Magdeburger Volksstimme, Magdeburger Verlags- und Druckhaus GmbH (Hrsg.), Magdeburg, 18. 7. 2003 | **S. 166** *Fährmann, Willi*: Lesen, das ist wie ... Aus: Der überaus starke Willibold, Arena Verlag, Würzburg 1983 | **S. 166** *Tschechow, Anton*: Du tust gut ... Aus: Zitatenlexikon, © VEB Bibliographisches Institut Leipzig, 1983 | **S. 166** *Hesse, Herrmann*: Gedankenloses, zerstreutes Lesen ... Aus: Zitatenlexikon a. a. O. | **S. 167** *Busta, Christine*: Der Sommer. Aus: Johannes Grüger (Hrsg.): Die Sternenmühle, © 1959 Otto Müller Verlag, Salzburg | **S. 168** *Wolf, Winfried*; Langeweile. Aus: Warum die Eisbären schwarze Nasen haben, Ravensburger Buchverlag, Ravensburg 1966 | **S. 169** *Gerhardt, Paul*: Sommergesang. Aus: Tränen des Vaterlands, Aufbau-Verlag, Berlin 1963 | **S. 169** *Lichius, Joseph*: Der Sommer schlägt die Federbälle. Aus: Blätter für meinen Kalender, Gedichtssammlung Schroedel Verlag KG, Hannover 1979 | **S. 170** *Jenkes, Claudia*: Spiele für Wasserratten. Aus: Mücke, 7, 8/95 a. a. O. | **S. 171** *Krenzer, Rolf*: Der Schwimmtag. Aus: Darum muss ich für dich sprechen, Recklinghausen, Georg Bitter 1981 © Rolf Krenzer | **S. 172** *Jenkes, Claudia*: Immer schneller. Aus: Mücke, 7, 8/98 a. a. O. | **S. 174** *Michels, Tilde*: Reisewörter. Aus: H.-J. Gelberg (Hrsg.): Der fliegende Robert, Beltz & Gelberg, Weinheim 1991 | **S. 175** *Kersten, Detlef*: Kommissar Kniepels 13. Fall. Aus: Kommissar Kniepel, © 1998 ars Edition, München | **S. 176** Rathenow, Lutz: Weggehen. Aus: H.-J. Gelberg (Hrsg.): Eines Tages, Geschichten von überallher, Beltz-Verlag, Weinheim und Basel, Programm Beltz&Gelberg, Weinheim | **S. 176** Brender, Irmela: An die Oma. Aus: War mal ein Lama in Alabama. © Verlag Friedrich Oetinger, Hamburg 2001 | **S. 180** *Durian, Wolf*: Die Blindschleiche. Aus: Erzähl von deinen Tieren, Der Kinderbuchverlag Berlin, 1963 | **S. 181** Unter Nutzung einer Idee von *Wedel-Wolff, Annegret*: Üben im Leseunterricht der Grundschule. © Westermann Schulbuchverlag GmbH, Braunschweig 1997

Bild- und Fotonachweis

S. 10 Seestern. AGB Superbild | **S. 10** Schnecken und Muscheln. Aus: Rudolf Kilias (Hrsg.): Lexikon Marine Muscheln und Schnecken, © 1997 Verlag Eugen Ulmer GmbH& Co. | **S. 10/11** Federn. Hans Borchert, Berlin | **S. 10/11** Muschel. H.Theuerkauf, Gotha | **S. 11** Verlassenes Nest der Amsel. Zscharnack/Superbild | **S. 11** Borke eines Baumes. Steinkette. © BARLO FOTOGRAFIK, Tobias Schneider, Berlin | **S. 36** Kostümierte Kinder. Martina Hoppe-Großhennig, privat | **S. 36** Vogelscheuche. Superbild/AGB | **S. 36** Kürbisgesicht mit Strohhut auf Kürbissen im Stroh. Superbild/AGB | **S. 37** Kürbisgesicht erleuchtet, nachts. Superbild/AGB | **S. 37** Kürbisgesicht zwischen Blumen. Superbild/AGB | **S. 37** Kürbisgesicht bemalt. Superbild/AGB | **S. 46/47** Kinder und ihre SOS-Kinderdorfmütter im SOS-Kinderdorf Brandenburg. SOS-Kinderdorf e. V. München | **S. 58** Die Brüder Jacob (im Profil) und Wilhelm Grimm. Gemälde 1855, Foto AKG Berlin | **S. 70** Kahle Bäume am Fluss. Helga Golz, Zühlsdorf | **S. 70** Schneebedeckte Tannen im Gebirge. Dieter Hron, privat | **S. 70** Kugelbüsche der Laubholzmistel im Wirtsbaum. Harald Lange, Thierbaum, Bad Lausick | **S. 70** Schlittschuhfahrer auf einer zugefrorenen Spree-Wasserstraße in Lehde, Spreewald 1997. Hartmut Reiche, Ullsteinbild, Berlin | **S. 74** Nikolaus von Myra-345/351, Bischof von Myra (Lykien), Bildarchiv preussischer Kulturbesitz | **S. 75** Knecht Ruprecht bei einer Bauernfamilie. Holzstich, Foto AKG Berlin | **S. 87** Collage zum Lachen, Marina Goldberg, Berlin | **S. 92** Kind bei der Pferdepflege. Helga Golz, Zühlsdorf | **S. 92** Die Flötengruppe. Rosa Hoppe, privat | **S. 93** Lesender Junge. Luzia Scheuringer-Hillus, privat | **S. 93** Mädchen mit Rollerskates. Irene Hoppe, privat | **S. 96** Schule früher. Stadtmuseum Berlin, Museum für Kindheit und Jugend | **S. 96** Unterricht in einer 3. Klasse. Marion Gutzmann, privat | **S. 98** Porträt Wilhelm Busch. Peter Hartmann, privat | **S. 98** Wilhelm Busch: Max und Moritz, 5. Streich. München, Verlag von Braun und Schneider, Wilhelm-Busch-Museum Hannover, Inv.-Nr. 12/0010 | **S.100** Hinterhofgören beim Spiel. Bildarchiv preussischer Kulturbesitz Berlin | **S. 101** Ballspiele im Kreis. © Stadtarchiv Ulm | **S. 108/109** Ostereierfotos. Aus: Heidi Haupt-Bataglia: Ostereier. 27 Möglichkeiten sie zu verzieren, Paul Haupt Verlag, Bern, Stuttgart, 1984 | **S. 119** Kinder umfassen einen Baum. Marion Gutzmann, privat | **S. 119** Bäume. Helga Golz, Zühlsdorf | **S. 121** Internetseite des Rudi-Rotbein-Clubs. http: //www.naju-bgs.de/rudi/usa.html | **S. 122** Werbe-Plakat der BSR. Berliner Stadtreinigungsbetriebe, Heymann Schnell AG | **S. 128** Vulkan Heimaey, Island. Bildagentur Huber, Garmisch-Partenkirchen | **S. 129** Laver river making way down Kilauea volcano. Stone Images, G. Brad Lewis | **S. 129** Vulkaneifel, Schalkenmehrener Maar. Bildagentur Huber, Garmisch-Partenkirchen | **S. 131** Gerhard Jatzeck: Aus Professor Tüftels Wörterbuch. Aus: H.- J. Gelberg (Hrsg.): Oder die Entdeckung der Welt. © 1997 Beltz Verlag, Weinheim und Basel | **S. 132** Computer. ©BARLO FOTOGRAFIK, Tobias Schneider Berlin | **S. 132** CD-ROM, VWV Berlin | **S. 133** Computer im Betrieb. Archiv Peter Hartmann, Berlin | **S. 133** Meterologe am Arbeitsplatz. Mit freundlicher Genehmigung des Wetterdienstes meteromedia Deutschland GmbH, Guido Rottmann | **S. 133** Einsatz eines stimmgesteuerten Operationsroboters im Herzzentrum Leipzig, 1999. Ullstein – Vision Photos | **S. 138** Bernd Lassahn, nach Figuren von Walter Moers und Motiven v. B. Lassahn, R. Silber und W. Moers: Käpt'n Blaubärs Geschichtenbuch, © 1991 | **S. 140** Sich im Schlamm suhlende Sau. Archiv VWV | **S. 140** Stehende Sau. Aus: Sabine Latorre, Annerose Naber: Schwein. ALS Verlag | **S. 141** In der Fleischerei. Aus: Sabine Latorre, Annerose Naber: Schwein. ALS Verlag | **S. 141** Sau mit Ferkeln. Holt Studios International, London | **S. 158** Uwe Kant zu Gast in einer 3. Klasse. Marion Gutzmann, privat | **S. 162** Abb. 1, 2, 4, 5; Aus: Schrift. Gerstenberg Verlag, © 1993 Dorling Kindersley Ltd., London. Abb. 3; Aus: Azteken, Inka, Maya a.a.O. **S. 164** Collage zur Lesenacht. Marina Goldberg, Bilder, Helga Golz, Zühlsdorf | **S. 165** Eine Lesenacht. Helga Golz, Zühlsdorf | **S. 172** Postkutsche. AKG Berlin | **S. 172** Auto. Archiv VWV | **S. 173** Segelschiff. Mauritzius/Nakamura | **S. 172** Luftschiff. Archiv VWV | **S. 173** Flugzeug. Archiv VWV | **S. 175** Kersten, Detlef: Kommissar Kniepels 13. Fall. Aus: Kommissar Kniepel, © 1998 ars Edition, München | **S. 182** Astrid Lindgren. Archiv VWV

In einigen Fällen waren die Rechtsinhaber nicht zu ermitteln. Der Verlag ist hier bereit, rechtmäßige Ansprüche abzugelten.